Ulrich Hoffmann ist freier Autor und Textchef, mehrfacher Bestsellerautor sowie Meditations- und Yogalehrer. Er ist verheiratet und hat drei Kinder. Hoffmann ist Mitglied der Organisation »1 % for the planet«, d.h. er spendet nachweislich ein Prozent seiner Einnahmen an Umweltschutzorganisationen.
Mehr über den Autor:
www.ulrichhoffmann.de sowie
auf Facebook und Twitter.

ULRICH HOFFMANN

MEIN Kopf. MEIN Herz. MEIN Weg!

DER 28-TAGE-PLAN FÜR EIN GLÜCKLICHERES LEBEN

KÖNIGSFURT-URANIA

Die in diesem Buch enthaltenen Informationen und Ratschläge wurden vom Autor sorgfältig recherchiert und geprüft. Eine Garantie kann dennoch nicht übernommen werden. Die Informationen und Ratschläge sind außerdem nicht dazu gedacht, die Beratung durch einen Arzt oder Therapeuten zu ersetzen, sofern eine solche angezeigt ist. Eine Haftung des Autors oder des Verlags ist ausgeschlossen.

Bibliographische Information der Deutschen Nationalbibliothek
Die Deutsche Nationalbibliothek verzeichnet diese Publikation in der Deutschen Nationalbibliographie; detaillierte bibliographische Daten sind im Internet über http://dnb.d-nb.de abrufbar.

Originalausgabe
Krummwisch bei Kiel 2017

Königsfurt-Urania Verlag GmbH
D-24796 Krummwisch
www.koenigsfurt-urania.com

Dieses Werk wurde vermittelt durch die Montasser Medienagentur, München

Umschlagdesign: Dagmar Herrmann, Druckfrei, Bonn
Bildnachweis auf S. 157
Project Management: Martina Weihe-Reckewitz
Lektorat: Dr. Jennifer Lorenzen-Peth, Quarnbek
Satz und Layout: Antje Betken, Oldenbüttel
Druck und Bindung: Finidr s.r.o.
Printed in EU

ISBN 978-3-86826-160-8

FSC www.fsc.org
MIX
Papier aus verantwortungsvollen Quellen
FSC® C014138

Wir produzieren umweltschonend und in Europa.
Königsfurt-Urania

INHALT

VORWORT

Früher oder später passiert es jedem von uns. Wir stecken fest. Irgendetwas ist nicht in Ordnung. Es ist schwer zu beschreiben. So ein Gefühl von Treibsand, von Düsternis. Pessimismus legt sich über das Leben.

Der Chef ist doof, der Partner ist doof, irgendetwas ist doof. Die Ursache ist nicht klar erkennbar. Eine Lösung folglich nicht in Sicht. Aber das Gefühl ist eindeutig: So geht's nicht weiter!

Sicher ist, dass sich das Leben ändert, jeden Tag. Gestern war nicht so wie heute. Und morgen ist wieder ein neuer Tag. Wir aber stemmen uns oft gegen diese Veränderung. Sie macht uns Angst. Gestern war doch gut. Und letzte Woche auch! Warum soll auf einmal alles anders werden?

Doch wenn sich das schon nicht vermeiden lässt – können wir die Veränderung positiv beeinflussen? Dafür müsste man wissen, was eigentlich nicht stimmt. An dieser Stelle schließt sich oft der gedankliche Kreis und unsere Überlegungen beißen sich in den Schwanz.

Aber das muss nicht so bleiben. Einfache Übungen, manche für den Körper, manche für den Kopf, können uns befreien. Ein bisschen so, als wenn man an einem Stecker ruckelt, der festsitzt. Oder eine Tür ein paar Mal auf- und zuklappt, nachdem man die Scharniere geölt hat.

In diesem Buch stelle ich Ihnen eine rein praxisorientierte Herangehensweise an Ihre Situation vor. Sie funktioniert nachweislich, das belegen mittlerweile weltweit viele tausend wissenschaftliche Studien. Sie müssen noch nicht mal »glauben«, dass es klappt. Sie müssen nur die Übungen machen. Genauso, wie man nicht überzeugt sein muss von einem Trainingsplan oder dem Rezept für den besten Kartoffelsalat der Welt. Solange Sie sich an die Mengenangaben halten, kommt der Erfolg. So einfach ist das.

Obwohl: »Einfach« ist das alles natürlich nicht. Die Auseinandersetzung mit der eigenen Situation erfordert Einsatz. Dieses Buch steuert die nötigen Tipps und Tricks bei, um eingefahrene Wege zu verlassen, neue Ziele zu setzen und sich dabei treu zu bleiben.

Den ersten Schritt haben Sie bereits getan. Und Sie wissen ja: Jede Reise beginnt mit einem ersten Schritt.

Gute Reise – und viel Vergnügen unterwegs!

Ihr *Ulrich Hoffmann*

TAG 0 (SONNTAG)

Der 28-Tage-Plan ist für einen Start am Wochenanfang (Montag) angelegt. Ab morgen enthält jeder Programmtag eine Übung von höchstens 30 Minuten Dauer. Sie können natürlich auch an jedem anderen Wochentag beginnen.

Grundsätzlich bauen die Übungen aufeinander auf. Und Übungen, die eher mehr Zeit erfordern, wurden auf die Wochenendtage geplant. Es ist daher nicht sinnvoll, kreuz und quer zu tauschen, also Tag 1 gegen Tag 27 o.ä. Es ist aber kein Problem, eine Übung einen oder zwei Tage nach hinten oder nach vorn zu schieben.

Die in diesem Buch zusammengefassten Übungen entstammen unterschiedlichen Feldern. In erster Linie sind dies Meditation und Entspannung, Kreativtraining und Visualisierung. Sie sprechen verschiedene Bereiche unserer Psyche an. Manche werden Ihnen Freude bereiten, andere schwer fallen. Das ist völlig unproblematisch. Solange Sie die Übungen durchführen, so gut es Ihnen möglich ist, werden Sie den entsprechenden Nutzen für sich verbuchen können.

An jedem Übungstag finden Sie einen ausführlichen Text. Darin geht es um die häufigsten Schwierigkeiten und wie wir sie auflösen können. Es folgt eine Übung – und deren »Dekonstruktion«: Ich stelle dar, warum und wie die jeweilige Übung hilft.

Außerdem finden Sie immer wieder Tests und Checklisten eingestreut, die Ihnen helfen, sich selbst besser kennenzulernen. Praktische Tipps zu verschiedenen Themenbereichen unterstützen Sie ebenfalls, in Ihrem Leben etwas zu verändern. In den Abschnitten »Fragen und Antworten« werden häufige Fragen oder Unsicherheiten mit dem Übungsprogramm geklärt.

Wer möchte, kann das ganze Buch vorab lesen. Die Übungen funktionieren nicht besser oder schlechter, wenn Sie das tun. Theoretisch können Sie auch alle erklärenden und weiterführenden Texte überspringen und nur die Übungen durchführen. Sie werden ganz genauso wirksam sein.

Sollten Sie – zum Beispiel durch Krankheit oder außergewöhnliche Umstände – einmal die Übung nicht durchführen können, fahren Sie bitte einfach am folgenden Tag mit der ausgelassenen Übung fort. Sie sollten nicht zwei Übungen in einen Tag quetschen, sondern Sie beenden dann das Programm einfach einen Tag später.

Aufbau des 28-Tage-Plans

Für dieses Programm gilt nicht »viel hilft viel«. Stattdessen ist es auf eine machbare Regelmäßigkeit ausgerichtet. Auf diese Weise kann man im Grunde jedes Ziel erreichen. Auch das, erst einmal herauszufinden, welches Ziel man haben möchte. Schritt für Schritt, Stück für Stück, Übung für Übung, Tag für Tag.

Machen Sie sich dieses Buch und seinen 28-Tage-Plan zu Eigen! Probieren Sie aus, wie Sie am besten damit umgehen können. Vielleicht lesen Sie schon am Vorabend den Einführungstext und die Übungsanleitung, um gleich am nächsten Morgen loslegen zu können. Oder Sie heben sich die drei bis vier Seiten pro Tag als bewussten Akt der Selbstfürsorge für den Abend auf. Vielleicht erfordert Ihr Alltag auch Flexibilität und Sie lesen und üben mal morgens, mal mittags, mal abends.

»Mein Kopf. Mein Herz. Mein Weg!« ist ein Workbook im Wortsinne. Sie müssen und sollen damit arbeiten. Und das Übungsprogramm wird mit Ihnen arbeiten!

Wissenschaftlicher Hintergrund

Es ist mittlerweile unstrittig, dass jeder von uns Einfluss auf das eigene Lebensglück hat, und zwar, auch wenn einem das in vielen Situationen unsinnig vorkommt, jederzeit und überall.

Glücksgefühle kann man auf unterschiedlichste Weise messen. Das gefühlte Glück des Augenblicks zeigt sich im Endorphingehalt des Blutes und in Hirnaktivitäten, die auf Scans sichtbar werden. Das empfundene Lebensglück kann man abfragen auf einer Skala von 1 bis 10.

Ergebnisse unterschiedlichster Studien aus der ganzen Welt zeigen:

1. **Menschen fühlen sich in ihrer Jugend und im Alter am glücklichsten.**
2. **Äußere Ereignisse (Heirat, Scheidung, Gehaltserhöhung) führen nur für etwa ein halbes Jahr zu Veränderungen der Zufriedenheit.**

Daraus folgern Wissenschaftler: Jeder von uns verfügt, vielleicht von Geburt an, spätestens aber im Erwachsenenalter, über einen »fest justierten Glückswert«, einen »set point«.

Deswegen fühlen Sie sich anders als Ihr Nachbar, selbst wenn Sie mit ihm ein Doppelhaus teilen und Ihre Frauen Zwillinge sind. Vereinfacht formuliert: Wenn Sie und ich in der exakt gleichen Situation sein könnten, würde ich sie vielleicht auf einer Skala von 1 bis 10 als 6 empfinden. Und für Sie wäre es eine 7. Oder eine 5. Vielleicht auch eine 8 oder eine 4.

Erst in den letzten Jahren fiel den Forschern etwas auf. Es gab »Ausreißer« in den Daten – Menschen, die dauerhaft glücklicher zu sein schienen als andere. Stehen die wirklich besser da? Haben sie einfach zufällig mehr Glück?

Verhalten sie sich anders und sind »ihres Glückes Schmied«? Oder war ihr Leben genau wie das der Vergleichspersonen und sie bewerteten es nur anders?

Es stellte sich heraus: Das Gefühl, mit dem Sie morgens aufwachen und den Tag beginnen, ist nicht maßgeblich von äußeren Umständen abhängig. Auch wenn wir das immer annehmen. Sondern viel mehr von Ihrer Einstellung, Ihrer Sichtweise. Und von Ihrer Art der Interaktion mit der Welt.

Die US-Psychologie-Professorin Sonja Lyubomirsky schätzt, **dass nur ca. 10% unseres Glücksgefühls durch die äußeren Umstände bestimmt werden, 50% durch Gene und Kindheit. Auf mindestens 40% haben wir jedoch direkten, unmittelbaren Einfluss,** das heißt, Sie werden in einem Monat eine Situation, die Sie derzeit als eine 4 auf der Skala von 1 bis 10 einordnen, als eine 5 oder 6 wahrnehmen. Und ein Moment, der jetzt als eine 6 erscheint, wird zur 8.

Willkommen im Glückskorridor

Was haben wir nun von dieser Erkenntnis? Mit Hilfe der Übungen in diesem Buch lässt sich das persönliche Zufriedenheitsgefühl verändern. Der sogenannte »set point« ist, wie eben schon dargestellt, eher eine Art »Zufriedenheitsbereich« oder »Glückskorridor«. Das erklärt, warum manche Menschen mit Stress und Krisen grundsätzlich besser umgehen können als andere.

Nun könnte man denken: Wenn ich das Glas als halb voll statt halb leer ansehe, wird es davon auch nicht voller. Das stimmt ja auch. Aber a) das halb volle Glas enttäuscht weniger als das halb leere und b) wer diese Weltsicht trainiert, stärkt

Resilienz (Widerstandkraft) und Kreativität. Wir zapfen das Reservoir unseres Unterbewusstseins an, haben bessere Ideen, sehen mehr Möglichkeiten und treten mutiger und entschlossener auf. Klingt zu schön, um wahr zu sein? Warten Sie ab!

Das Maßnahmenbündel aus einer bewusst veränderten Weltsicht und den zugehörigen Handlungen verschiebt auf die Dauer den »set point« des Glücks. Oder, anders gesagt: Wir verändern erst einmal nicht die Welt, sondern unsere Sicht auf die Welt – dadurch empfinden wir uns als glücklicher und erweitern unsere Möglichkeiten – und aus dem neuen Gefühl und der neuen Betrachtung folgt eine Veränderung der Welt, weil wir uns anders verhalten als zuvor.

In diesem Buch finden Sie zahlreiche Werkzeuge, um bessere Entscheidungen zu treffen. Sie lassen sich einfach und kostenfrei konsequent anwenden. Deshalb: Schluss mit Ausreden wie »keine Zeit«, »klappt ja doch nicht« u. ä. Denn jammern und grübeln kosten mehr Zeit, als Sie zum Glücklicherwerden brauchen!

TAG 1 (MONTAG)

Wenn Sie die volle Verantwortung übernehmen für alle Ihre Entscheidungen ab jetzt, werden Sie sofort zum Chef Ihres eigenen Lebens. Das ist schon mal die halbe Miete! Ab sofort *können* Sie tun, was Sie wollen. Nun gilt es nur noch herauszufinden, was Sie wollen.

Das klingt einfach, ist aber nicht leicht. Deshalb werden wir uns in den nächsten Tagen auf unterschiedliche Arten damit beschäftigen, was Sie nicht wollen. Irgendetwas am aktuellen Stand der Dinge stört Sie. Vielleicht wissen Sie schon, was es ist, und möchten nur noch einen Plan entwickeln, was Sie wie ändern. Oder es ist noch ganz und gar unklar, wo es hakt.

So oder so: Sie können nur »weg von hier«, wenn Sie ehrlich anerkennen, »hier« zu sein. Das bedeutet, es steht eine Bestandsaufnahme an. Die soll nicht schmerzhaft sein. Ziel sind weder Schuldzuweisungen noch Schock. Im Gegenteil: Wir wollen wissen, was gut und was schlecht läuft.

Sie kennen das von Freunden oder aus der Kindererziehung. Je freundlicher jemand fragt, desto leichter fällt eine ehrliche Antwort. Deswegen werden wir uns so freundlich wie möglich uns selbst und der eigenen Situation zuwenden.

Davor haben viele Menschen (unbewusst) Angst. Zumal negative Wahrnehmungen uns oft auch körperlich unangenehm sind (z. B. als Kloß im Hals oder als Bauchschmerzen). Deswegen stellt die heutige Übung einen ersten Schritt in die Richtung der Wahrnehmung des eigenen Empfindens dar – und der positiven Einflussnahme darauf.

Ganz gezielt im Hier und Jetzt

Sich von früheren Träumen zu verabschieden, heißt übrigens nicht, keine Ziele oder Pläne zu haben. Und es bedeutet erst recht nicht, aus Fehlern nicht lernen zu wollen. Es heißt einzig und allein, sich einzugestehen, dass man nur Jetzt und Hier handeln kann.

Was nicht geht: Die Zukunft gezielt so beeinflussen, dass sie sicher wird, wie wir es gern hätten. Oder die Vergangenheit wiederherstellen. Es wäre schön, ist aber unmöglich. Das müssen wir akzeptieren, ob es uns passt oder nicht, um wieder handlungsfähig zu werden.

ÜBUNG 1

16 SEKUNDEN ZUM GLÜCK
(1 MINUTE)

Setzen Sie sich bequem hin. Auf den Boden, auf ein Kissen, auf einen Stuhl, aufs Sofa. In den Schneidersitz oder wie Sie möchten. Richten Sie den Rücken gerade auf, ohne ihn steif durchzudrücken. Eher so, als zöge ein unsichtbarer Faden ganz oben an Ihrem Kopf.

Lesen Sie zuerst die folgende Anleitung, dann folgen Sie ihr:

- Schließen Sie die Augen, wenn es Ihnen angenehm ist. Atmen Sie ein und zählen Sie dabei stumm bis vier. Halten Sie nun den Atem an und zählen Sie wieder stumm bis vier. Ausatmen und bis vier zählen. Wieder Atem anhalten und bis vier zählen.
- Augen auf. Das war's für heute. Wenn Ihnen danach ist, lächeln Sie.

DAS BRINGT'S

Diese Atemtechnik wird bei der Polizei und in der Armee ebenso unterrichtet wie an Meditations-Wochenenden. Im militärischen Umfeld heißt es **»taktisches Atmen«**, in der Wellness-Welt **»16 Sekunden zum Glück«**.

Sind wir ruhiger, atmen wir langsamer und tiefer. Umgekehrt funktioniert es auch: **Atmen wir langsamer und tiefer, werden wir ruhiger.** Die taktische Viereratmung führt somit tatsächlich in **16 Sekunden zumindest zu einem kleinen Glück: einem Hauch mehr innerer Ruhe als zuvor.**

Anmerkung: Diese Übung stellt ein erprobtes Mittel dar, das Nervensystem zu beruhigen. Sie bildet damit zugleich die Basis für weitere Atem- und Wahrnehmungsübungen. Ziel ist jedoch nicht, die betonten Atempausen in den Alltag zu übernehmen. Im natürlich fließenden Atem entsteht zwischen Ein- und Ausatmen fast keine und zwischen Aus- und Einatmen nur eine kurze Pause.

TAG 2 (DIENSTAG)

Tausendmal gehört, aber auch tausendmal nix kapiert: »Leb jeden Tag, als wär's dein letzter!« *Carpe diem – nutze den Tag!*

Was soll das heißen? Was könnte es bedeuten? Wenn wir wirklich alle ernsthaft jeden Tag leben, als wäre es der letzte – wer würde dann seine Steuererklärung abgeben, ein Buch schreiben, ein Kind zur Welt bringen? Kein Mensch! Wir würden uns die Sonne auf die Bäuche scheinen lassen und Champagner trinken.

Dass man auf diese Weise kein zufriedenstellendes Leben erlangen kann, ist offensichtlich. Eine ganze Weile durchzuhalten, ist notwendig, um anspruchsvolle Ziele zu erreichen. »Dranbleiben«, nennt der Psychoanalytiker Wolfgang Schmidbauer das.

Dranbleiben am Tagesnutzen

Wer »dranbleiben« kann oder es übt, ist auf dem besten Weg zur Zufriedenheit. Weil man sich auf diese Weise Stück für Stück und Schritt für Schritt das Leben zimmert, das man leben möchte. Denn wäre jeder Tag der letzte Tag, würden wir morgens, mittags und abends unser Lieblingsessen essen – und hätten spätestens nach zwei bis drei Tagen die Nase gestrichen voll davon!

Heißt das nun, Schluss mit »carpe diem« und »leb jeden Tag, als wär's dein letzter«? Ich glaube nicht. »Carpe diem« bedeutet ja nur: Nutze den Tag, verschwende ihn nicht. Das ist nah dran am Dranbleiben!

Und wenn wir »leb jeden Tag, als wär's dein letzter« als Anstoß zum Umdenken verstehen, kommt viel Gutes dabei heraus. Nämlich: Tu die Dinge, die dir wirklich wichtig sind! Sogar, wenn sie anstrengend oder schwierig sind.

Denkt man die provokative Aufforderung konstruktiv zu Ende, dann kommt heraus: Hab keine Angst – tu, was du willst!

Stress macht „dumm"

Die eigene Sorge, Angst oder Unsicherheit zu empfinden, ist immer unangenehm. Besonders trifft das zu, wenn wir keinen erkennbaren Grund für die Gefühle ausmachen können.

Konkret: Ein Pitbull rennt kläffend auf uns zu – wir haben Angst und wissen, warum. Der Chef hat heute im Meeting so komisch geguckt – wir haben Angst, aber wissen nicht wirklich, warum.

Unser Alltagsstress hat in den letzten Jahrzehnten ständig zugenommen durch soziale Unsicherheit, Beschleunigung, steigende Ansprüche aller an alle. Stress, Sorge, Angst und Unsicherheit ermüden auf die Dauer Hirn und Herz. Außerdem machen sie »dumm«, denn Angst schaltet die Hirnregionen ab, die für komplexe Vorgänge zuständig sind.

Deswegen müssen wir wieder lernen, unsere Gefühle a) überhaupt erst einmal wahrzunehmen, b) sie auszuhalten und c) sie zu überprüfen und einzuordnen. Das stärkt Konzentrationsfähigkeit, Kreativität, Empathie (Mitgefühl) und Resilienz (Widerstandskraft). Alles Eigenschaften, die wir dringend brauchen, um gute neue Ideen zu entwickeln.

ÜBUNG 2

UNSEREN ATEM BEWUSST WAHRNEHMEN
(3 MINUTEN)

Lesen Sie die folgende Anleitung zuerst durch und prägen Sie sich den Ablauf ein (es ist nicht schwer). Dann führen Sie die Übung durch. Stellen Sie Ihren Handytimer oder einen Küchenwecker auf drei Minuten.

Setzen Sie sich bequem aufrecht hin. Auf Ihr Sofa, auf einen Stuhl, auf die Parkbank. Schließen Sie die Augen, wenn Sie möchten, es ist aber nicht notwendig. Wenn Sie die Augen geöffnet lassen, schauen Sie wie bei Tagträumen nicht fokussiert in eine mittlere Entfernung.

- Nun beginnen Sie, auf Ihren Atem zu achten. Atmen Sie schnell oder langsam? Tief oder flach? Abgehackt oder geschmeidig?
- Es ist ganz egal, wie Sie atmen. Und Sie sollen den Atem auch (anders als gestern) nicht beeinflussen oder verändern.
- Achten Sie einfach nur mal auf Ihren Atem. Einen Atemzug lang. Zwei, drei … Sie atmen ein, Sie atmen aus … ein … aus …
- Können Sie die Atemluft irgendwo spüren? In der Nase, auf den Lippen, in der Luftröhre, in der Lunge, tief im Bauch?
- Wenn Sie möchten, können Sie beim Einatmen stumm »ein« sagen (bzw. denken) und beim Ausatmen »aus«. Das ist aber nicht nötig.
- Zum Schluss versuchen Sie einmal, einem ganzen Atemzug von Anfang bis Ende mit Ihrer ganzen Aufmerksamkeit zu folgen. Einatmen … Luftstrom fühlen … kurze Pause … ausatmen … Luftstrom fühlen.
- Wenn Sie die Augen geschlossen hatten, öffnen Sie sie nun wieder. Fühlen Sie sich anders als vorher? Ruhiger, aufmerksamer? Oder hat sich nichts verändert? Beides ist möglich, und beides ist in Ordnung.

DAS BRINGT'S

Je unangenehmer eine Wahrnehmung, desto größer unsere Tendenz zur Abspaltung. Wenn wir knapp einem Verkehrsunfall entgangen sind oder gerade herausbekommen haben, dass unser Partner eine Affäre hat, wird die Körperwahrnehmung fast vollständig abgeschaltet. Wir spüren uns dann gar nicht mehr.

Je länger der Stress anhält, desto mehr wird das zum Dauerzustand bzw. zur Gewohnheit. Wenn wir das Gefühl haben, in einer schier unlösbaren Situation festzustecken, gilt das ebenso.

Den Atem wahrzunehmen, ist eine einfache Möglichkeit, die Aufmerksamkeit wieder auf den eigenen Körper zu richten. Der Atem ist immer da, funktioniert ganz von alleine, macht keine Angst.

Die Übung ist ein Baustein dazu, sich selbst wieder als eine Einheit wahrzunehmen. Mit Körper und Geist. Mit Problemen und Potenzial. Zu erleben und auszuhalten, dass wir zeitgleich widerstreitende Empfindungen und Emotionen haben können. Diese Widersprüche sind die Bausteine des kreativen Lösungswegs, den wir entwickeln wollen.

Gesundheitliche Vorteile kommen dazu: **Atemübungen helfen gegen Depressionen und Angstzustände, erhöhen das Glücksgefühl, lassen uns besser schlafen, helfen gegen die Spätfolgen von Traumata, verringern unsere Reizbarkeit. Sie lassen uns sogar Schmerzen weniger intensiv empfinden.**

TAG 3 (MITTWOCH)

Die meisten Menschen gehorchen ihrer inneren Stimme ganz automatisch. Wenn Sie im Drogeriemarkt zur Kasse gehen, statt den Lippenstift zu klauen – das ist Ihre innere Stimme. Wenn Sie die Hände waschen, nachdem Sie auf der Toilette waren, wenn Sie sich abends die Zähne putzen … innere Stimme! Jede Entscheidung, die wir nicht bewusst treffen, sondern auf Autopilot, stammt von unseren inneren Stimmen. Man könnte auch sagen: Wir tragen eine Schatztruhe voller Grundsätze in uns, die unseren Alltag prägen.

Unsere Weltsicht prägt unser Handeln

Nehmen wir mal an, Sie stehen an der Straßenecke und sehen, wie Ihr Bus kommt. Jetzt können Sie rennen – oder auf den nächsten warten. Sie werden nur rennen, wenn Sie glauben, eine Chance zu haben, den Bus auch zu kriegen. Das hängt von Ihrer Fitness (bzw. Ihrer Vorstellung von Ihrer Fitness) ab, aber auch davon, welche Erfahrungen Sie bisher mit den Busfahrern in Ihrer Stadt gemacht haben. In Berlin zum Beispiel können Sie sicher davon ausgehen, dass der Bus wartet, bis Sie ihn fast erreicht haben, und dann losfährt. Aber das nur nebenbei.

Aber auch Ihr Tagesplan spielt in die Entscheidung hinein. Haben Sie Ihre besten Sachen an und sind mit einer Bewerbungsmappe unterwegs zum Vorstellungsgespräch, werden Sie vielleicht eher nicht rennen, um nicht durchgeschwitzt ans Ziel zu kommen. Notfalls, entscheiden Sie instinktiv, nehmen Sie ein Taxi.

Gehen Sie aber davon aus, sowieso keine Chance auf den Job zu haben und deshalb demnächst unter einer Brücke zu hausen, kommt ein Taxi nicht in Frage und Sie können genauso gut komplett nassgeschwitzt sein.

Kritiker zu Verbündeten machen

Wer anfängt, auf die innere Stimme zu achten, wird mit hoher Wahrscheinlichkeit feststellen: Oh mein Gott, bin ich unfreundlich zu mir! Unser innerer

Feldmarschall bellt den ganzen Tag Kommandos.

Diese Stimmen bremsen uns nicht nur – manchmal zu Recht, manchmal zu Unrecht. Sie treiben uns auch an. Auch dies ist manchmal gut, manchmal nicht. Die inneren Kritiker meinen es an sich gut, sind aber nicht besonders klug. Und ihre Sicht auf uns hat oft auch schon ein paar Jahre auf dem Buckel. So wie Ihre Eltern Sie vermutlich immer noch so ähnlich sehen wie zum Zeitpunkt Ihres Auszugs.

Wir können unsere inneren Kritiker in innere Verbündete verwandeln. Dafür müssen wir sie aber erst einmal wahrnehmen. Erst dann können wir mit ihnen in einen Dialog eintreten.

Dann müssen wir uns von Ihnen nicht mehr sagen lassen: Das schaffst du sowieso nicht! Und wir haben die Freiheit, uns nicht mehr drängeln zu lassen: Tu was! Tu was! Irgendetwas! Mach schon, sonst bist du ein Versager!

Wir können sie bitten, nicht den ganzen Tag lang auf die Hupe zu drücken. Und wenn sie hupen, können wir überprüfen: Habe ich geträumt und die Ampel zeigt Grün? Oder stehe ich im Stau und kann, bei aller Liebe, aktuell nichts tun?

Keine Sorge: Uns vor akuter Gefahr zu warnen, die aus dem toten Winkel heranschießt, kann man diesen Stimmen sowieso nicht abgewöhnen. Und das ist ja auch gut so!

ÜBUNG 3

UNSER TUN BEWUSST WAHRNEHMEN

(5 MINUTEN)

Wählen Sie eine beliebige, belanglose Alltagstätigkeit aus: duschen, zum Bus gehen, staubsaugen, abwaschen. Am besten ist es, wenn Sie dabei allein sind (oder nur von Fremden umgeben). Wichtig: Sie müssen etwas körperlich tun, nicht nur fernsehen oder nachdenken.

- Nun tun Sie genau das, was Sie immer tun, und Sie tun es genauso, wie Sie es immer tun. Aber Sie tun es lang–sa–mer. Richtig, richtig langsam! Noch langsamer, wie in Zeitlupe.
- Und Sie achten so genau Sie können darauf, was Sie tun, wie es sich anfühlt. Das Wasser auf der Haut. Der Seifenschaum. Ihr Absatz auf den Zementplatten des Bürgersteigs. Wie Ihr Fuß abrollt. Die Streckung Ihres Arms, wenn Sie sich drehen oder herunterbeugen. Ihr Atem. Der Druck, mit dem Sie die Bürste über den Teppich schieben.
- Es ist ganz egal, was Sie tun und worauf Sie achten. (Grundsätzlich geht auch essen, aber es ist besonders schwierig, daher empfehle ich für den Anfang eine möglichst einfache Tätigkeit.)
- Stellen Sie sich vor, Sie sollten möglichst genau beschreiben, was Sie tun. Entweder für eine Bedienungsanleitung oder lyrisch für einen Roman.
- Erfahrungsgemäß werden Sie nach wenigen Minuten das Gefühl haben, vor lauter Kleinigkeiten und Sinneseindrücken zu verzweifeln. Das ist ganz normal.
- Beenden Sie die Übung dann und kehren Sie zu Ihrem normalen Arbeitstempo zurück.

DAS BRINGT'S

In unserem Alltag passiert so schnell so viel, dass wir verrückt werden würden, sollten wir versuchen, alles bewusst wahrzunehmen. Deshalb sind wir auf die Filterfunktionen unseres Körpers angewiesen. Er warnt uns zuverlässig, wenn das Wasser zu heiß oder das Messer zu scharf ist. Ohne besonderen Anlass kümmert sich unser Unterbewusstsein um viele Dinge (atmen, gehen, waschen, essen), und wir denken oft an etwas ganz anderes oder beantworten zum Beispiel Emails.

Um zu erkennen, was genau Sie an Ihrer aktuellen Lage stört, müssen Sie es sich erst einmal erlauben, **diese aktuelle Lage bewusst und ungefiltert wahrzunehmen, einfach den Ist-Zustand Ihres Lebens, ohne sofort automatisch zu reagieren, egal ob mit Wegducken oder Weglaufen**.

Das ist schwer. Daher als Vorübung: **Etwas bewusst wahrnehmen, worauf wir im Alltag nicht achten.** Denn die beste Wegbeschreibung nützt ja nichts, wenn man keine Ahnung hat, wo man ist.

TAG 4 (DONNERSTAG)

Die US-Psychologieprofessorin Brené Brown sagt: »Wenn wir unsere Geschichten verleugnen, definieren sie uns.«

Wenn wir hingegen anerkennen, was sowieso der Fall ist, werden wir »die Autoren unseres Lebens und schreiben unser eigenes, wagemutiges Ende.« Brené Brown trifft einen Nerv. In den USA ist sie eine Nr.-1-Bestsellerautorin. Ihr Vortrag über »Die Macht der Verletzlichkeit« aus dem Dezember 2010 wurde mittlerweile über 26 Mio. Mal angeschaut! (Wenn Sie ihn nicht kennen, ab zu YouTube! Lohnt sich!)

Brown forscht seit 15 Jahren über Verletzlichkeit und Scham. Sie hat herausgefunden, dass manche Menschen ganz selbstverständlich das Gefühl haben: Es ist okay, dass ich auf der Welt bin. Ich muss nichts tun, um geliebt zu werden. Sie bezeichnet deren Alltag als »Leben aus vollem Herzen«.

Sind wir alle „nicht gut genug"?

Die meisten von uns aber haben das Gefühl, »nicht gut genug« zu sein. Dann bleiben drei Möglichkeiten, die man auch mischen kann:

1. Man strampelt sich verzweifelt ab und versucht, perfekt zu sein.
2. Man haut frustriert in den Sack und gibt auf.
3. Man wird sauer und macht irgendwem die Hölle heiß.

Als Brown in ihrer Forschung soweit war, erlitt sie eine schwere Krise. Denn sie selbst zählte auch zu denjenigen, die (vergeblich) versuchten, sich Liebe und Anerkennung zu erarbeiten. Sie setzte sich ausführlich mit ihrer Situation und Psyche auseinander und entwickelte einen Plan. Sie beschloss, fortan so mutig wie möglich die Dinge zu tun, die dazu beitragen, »aus ganzem Herzen« lieben und leben zu können. Denn, auch das hatte sie herausgefunden: Man kann seine Gewohnheiten ändern, kann umlernen und glücklicher werden!

Das ist sogar soziologisch messbar. Browns Schlüsselerkenntnis: »Als Kinder fanden wir Mittel und Wege, um uns gegen Verletzlichkeit zu schützen, gegen Schmerz, Herabsetzung und Enttäuschung. (…) Jetzt, als Erwachsene, erkennen wir, dass wir wieder verletzlich werden müssen, um ein sinnvolles und couragiertes Leben in Verbundenheit mit anderen zu führen.«

Jeder will dazugehören

Denn, das ist wichtig, jeder Mensch möchte Verbundenheit spüren. Das ist nicht dasselbe wie: Ich will endlich einen Mann (oder eine Frau)! Es heißt: Ich möchte dazugehören! Und ich möchte das Gefühl, dazuzugehören, mir nicht immer wieder erarbeiten müssen. Sondern ich möchte das Gefühl haben, dazuzugehören, einfach weil ich **ich** bin. **Folgende Veränderungen sind am wichtigsten:**

- **Keine Angst vor guten Gefühlen!** Viele von uns sind instinktiv der Ansicht, wenn wir uns wirklich aus vollem Herzen freuen, kriegen wir bestimmt gleich eins auf die Nuss. Aber zu dieser Annahme gibt es keinen Grund! Das Einzige, was wir so erreichen, ist, unsere aufrichtige Freude kleinzureden.
- **Grenzen setzen!** Viele von uns schlucken viel zu viel runter aus Angst, abgelehnt oder dumm angeschaut zu werden, wenn wir »Nein« sagen. Egal, ob eine Verabredung zu viel oder eine Unverschämtheit im Alltag – Grenzen zu setzen, ist völlig okay. Grenzen zu setzen, ist nicht dasselbe wie unfreundlich oder abweisend zu sein. Im Gegenteil: Wenn wir keine Grenzen setzen, neigen wir dazu, anderen heimlich übel zu nehmen, dass sie unsere geheimen Grenzen übertreten haben. Das ist nutzlos.
- **Unterstützung suchen und akzeptieren!** Wenn wir anderen helfen, fühlen wir uns gut. Wenn andere uns helfen, fühlen wir uns oft schlecht. Warum eigentlich? Sie tun etwas, das wir völlig okay finden, wenn wir es selbst tun. Also ist es nur logisch, sich darauf einzulassen und die Freundlichkeit ehrlich anzunehmen. Jeder von uns braucht Hilfe, das ist menschlich, normal und in Ordnung.
- **Sich selbst auf die Spur kommen!** Je genauer wir wissen, was wir (insgeheim) wollen oder wünschen, desto eher können wir es erreichen. Je weniger wir darüber wissen, desto unzufriedener sind wir mit uns und allen um uns herum.
- **Wahrnehmungen überprüfen!** Sind die Dinge, über die wir uns gerade aufregen, wirklich so schlimm? Man kann nicht alles kontern mit »aber in Äthiopien hungern die Kinder«. Aber man kann dann und wann mal ganz bewusst die Kirche im Dorf lassen.

ÜBUNG 4

KLEINE AUSZEIT AN EINEM SICHEREN ORT

(7 MINUTEN)

Lesen Sie zuerst die gesamte Anleitung und führen Sie erst danach die Übung durch. Sehr wahrscheinlich werden Sie dann zwischendurch nicht nachlesen müssen.

- Stellen Sie einen Küchenwecker oder Handytimer auf fünf bis sieben Minuten und Ihr Handy auf Flugmodus, damit Sie nicht gestört werden.
- Suchen Sie sich eine bequeme Ecke oder Sitzgelegenheit: einen Stuhl, Ihr Sofa, eine Parkbank. Sie können die Augen schließen, wenn Sie möchten. Es ist nicht nötig, aber ich finde die Übung mit geschlossenen Augen leichter.
- Stellen Sie sich einen Ort vor, an dem Sie gern sind und an dem Sie sich sicher und geborgen fühlen. Bei mir ist das eine Lichtung in einem Wald, der sich in Sichtweite meines Lieblingsstrandes befindet. Dort sind natürlich in Wirklichkeit kein Wald und auch keine Lichtung, aber das ist für diese Übung nicht wichtig.
- Sie können eine Lichtung wählen, einen Waldweg, einen Berggipfel, eine Höhle, einen Strand. Den Balkon Ihrer Ferienwohnung oder Ihr Kinderzimmer. Ganz egal.
- Machen Sie es sich dort nun im Geiste gemütlich. Vielleicht scheint die Sonne. Oder es weht ein leichter Wind. Möglicherweise schaut auch ein Reh vorbei und lächelt Sie an. Oder Sie hören die Wellen leise am nahen Strand.
- Genießen Sie diese kleine Auszeit, die Sie ganz allein in Ihrem Kopf entstehen lassen können. Sehen Sie sich um. Entwerfen Sie das Bild so detailgenau wie möglich. Spüren Sie, wie wohl und sicher Sie sich an diesem Ort fühlen!
- Schließlich, wenn der Timer piepst, öffnen Sie die Augen, sofern Sie diese geschlossen hatten, holen einmal tief Luft und lassen sie wieder ausströmen. Sie können sich auch gern recken und strecken oder gähnen.
- Herzlich willkommen zurück!

DAS BRINGT'S

Ein abrufbarer »sicherer Ort« ist eine gute Ausgangsbasis, um zu beginnen, die eigene Lage ehrlich zu erforschen. Wenn wir Scham oder Scheitern fürchten, schaltet unser Hirn auf Abwehr. Deswegen ist **ein Platz, an dem wir keine Angst haben müssen, so wichtig**. Selbst wenn er nur ausgedacht ist (oder, wie man heute ja so schön sagt: virtuell). Das macht nichts, das Gefühl der Ruhe und Zuversicht bleibt.

Im Zweifel können wir alle Überlegungen und Betrachtungen auch an diesem fernen, schönen Ort anstellen. Ohne Sorge, »falsch« abzubiegen und dafür eins auf den Deckel zu kriegen. Oder wir können uns nach stressigen Situationen kurz in diese Fantasiewelt zurückziehen und erholen.

TEST
WIE GEHE ICH MIT MIR SELBST UM?

Bewerten Sie auf einer Skala von 1 – 5.
1 bedeutet »trifft überhaupt nicht zu«,
5 bedeutet »trifft voll und ganz zu«.

1	Manchmal hasse ich mich für meine körperlichen Schwächen (z. B. Gewicht, Größe, Nasenform …).	**1**	**2**	**3**	**4**	**5**
2	Ich bin viel zu schüchtern, um Karriere zu machen.	**1**	**2**	**3**	**4**	**5**
3	Wenn ich länger schlafe als gewöhnlich, habe ich schnell ein schlechtes Gewissen.	**1**	**2**	**3**	**4**	**5**
4	Auf mich kann man sich verlassen, selbst wenn es mir gerade einmal schlecht geht.	**1**	**2**	**3**	**4**	**5**
5	Ich bevorzuge in meiner Freizeit leistungsorientierte Aktivitäten (z. B. Mannschaftssportarten, Arbeit im Vereinsvorstand, Bergsteigen). Woher soll man sonst wissen, ob man sein Ziel erreicht hat?	**1**	**2**	**3**	**4**	**5**
6	Hätte ich in der Schule (im Studium, in der Ausbildung) besser aufgepasst, wäre ich heute beruflich weiter!	**1**	**2**	**3**	**4**	**5**
7	Ich verstehe gar nicht, was meine Freunde an mir mögen. Manchmal habe ich das Gefühl, ich muss etwas Besonderes tun (lustig sein, eine Runde schmeißen), damit sie meine Freunde bleiben.	**1**	**2**	**3**	**4**	**5**
8	Ich kann mich oft gar nicht entscheiden, was ich eigentlich will (z. B. im Restaurant, im Kino).	**1**	**2**	**3**	**4**	**5**
9	Insgeheim ärgert es mich, dass ich dieses Buch lese. Eigentlich sollte ich meine Probleme allein lösen können! Ich bin doch kein Kind mehr!	**1**	**2**	**3**	**4**	**5**
10	An manchen Tagen ist so viel zu tun, dass ich gar nichts mehr geregelt bekomme.	**1**	**2**	**3**	**4**	**5**

AUSWERTUNG

- Addieren Sie Ihre Punkte. Wenn Sie **über 35 Punkte** haben, gehören Sie zu den Menschen, die eher **hart mit sich selbst ins Gericht** gehen. Sie sind vermutlich **pflichtbewusst und zuverlässig**, immer für andere da. Ihre eigenen Bedürfnisse bleiben dabei manchmal auf der Strecke – oder sind Ihnen vielleicht sogar gar nicht klar oder bewusst.
- Die sogenannte **»Selbstansprache«** (wie wir mit uns selbst reden, über uns selbst urteilen) ist ein wichtiger Hinweis auf unsere Weltsicht. Die meisten Menschen **»schimpfen« ständig (oft unbemerkt) mit sich**, um sich anzutreiben oder unter Kontrolle zu halten. Auch, weil wir gelernt haben: Wer streng klingt, hat Recht! Wir ducken uns dann vor der eigenen Strenge weg und »funktionieren«. Das geht eine Weile gut, aber nicht ewig.
- Außerdem fällt es schwer, kreative Lösungen für sich zu entwickeln, wenn immer einer abschätzig »dazwischenredet«. **Deswegen geht es in vielen Übungen in diesem Buch darum, die kritische Stimme in unserem Inneren einmal Pause machen zu lassen.** Das heißt nicht, dass wir ihr den Mund verbieten werden! Oft leistet sie wichtigen Input und schützt uns vor Fehlern! Aber **manchmal muss man sich auch wieder stärken**, um dann mit voller Power loslegen zu können.
- Zu lernen, **wann wir uns bremsen und wann wir Gas geben sollten**, ist nicht ganz einfach. Aber wie beim Autofahren auch gehört vor allem Übung dazu.

TAG 5 (FREITAG)

Warum lesen Sie dieses Buch? Glauben Sie, es ändert etwas? Dann glauben Sie an Ihren freien Willen. Denn wenn alles vorgezeichnet wäre, könnten wir noch so lange grübeln und wünschen … es würde sich nichts ändern. Oder, genauer gesagt, es wäre eben vorgezeichnet, dass wir grübeln und wünschen würden, und es wäre vorgezeichnet, ob sich etwas ändert oder nicht. Warum ist das wichtig?

Je tiefer wir in einer Krise stecken, desto auswegloser erscheint sie uns. Doch wenn unser Schicksal nicht vorgezeichnet ist, sondern wir mit Hilfe unseres freien Willens Einfluss auf den Verlauf des Lebens nehmen können – dann liegt es bei Ihnen und mir, was als Nächstes geschieht.

Das heißt nicht, dass alles möglich wäre. Sicher nicht. Vieles, was wir gerne hätten, ist im Moment unmöglich. Das ist es, was wir meinen mit: »Das Leben ist kein Wunschkonzert.« Und doch können wir maßgeblich mitbestimmen, wie es weitergeht. Davon bin ich überzeugt. Und Sie offenbar auch (denn sonst müssten Sie konsequent spätestens jetzt das Buch weglegen – und das wäre dann Ihrer Ansicht nach ebenso vorherbestimmt gewesen wie es zuvor zur Hand zu nehmen).

Wir können auch anders

Wie frei ist unser Wille? Wir wissen es nicht. Vielleicht ganz und gar. Vielleicht nur begrenzt. Klar ist, dass wir nicht »frei« im Sinne von »unbeeinflusst« entscheiden und handeln – sonst gäbe es schon lange keine Werbeagenturen mehr. Aber ich bin überzeugt, dass wir »frei« darin sind, uns auch anders entscheiden zu können, gegen das beworbene Produkt, gegen die einfache Lösung, gegen die scheinbar alternativlose Variante. Das kann eine falsche, dumme, schädliche Entscheidung sein. Aber sie ist möglich.

Sollten Sie und ich mit dieser Sichtweise Unrecht haben, dann wäre es von einer äußeren Kraft vorherbestimmt, dass wir um sie nicht wissen und nicht an sie glauben. Nicht auszuschließen. Mit diesem Restrisiko kann ich leben.

Wichtige Folgerung: Was ich tue, wie ich handle, ist entscheidend wichtig. Wichtiger als alles andere. Denn alles andere kann ich nicht beeinflussen. Was ich tue, kann ich beeinflussen. Es ist mein einziger »Hebel«, um mit dem Leben zu interagieren.

Selbst wenn es sich sinnlos und hoffnungslos anfühlt, nach neuen Wegen zu suchen, ist es daher zwingend notwendig. »Der Mensch ist dazu verurteilt, frei zu sein«, sagte der französische Philosoph Jean-Paul Sartre. Er war Vertreter des sogenannten Existenzialismus. Ging also davon aus, dass die Existenz der Essenz vorausgeht. Was heißt das? Sartre meinte: Jeder Mensch begegnet Umständen, Hindernissen, Einschränkungen. Mit diesen müssen wir umgehen. Wir sind frei darin, *wie* wir das tun. Aber nicht, es überhaupt zu tun.

Irgendetwas geht immer

Diese ständige Freiheit, dieses ständige entscheiden, empfinden viele Menschen als unangenehm. Spätestens, wenn sie darüber nachdenken. Aber wir können überhaupt nichts dagegen tun. Natürlich steht es Ihnen frei, immer die einfachste Lösung zu wählen. So unbewusst wie möglich zu entscheiden. Trotzdem wählen Sie. Ob Sie wollen oder nicht.

So wie Kommunikationswissenschaftler Paul Watzlawick feststellte: »Man kann nicht *nicht* kommunizieren«, so kann man gemäß Sartre eben auch nicht *nicht* entscheiden. Das nervt, schon klar. Aber es ist auch großartig! Denn es bedeutet: Irgendetwas geht immer.

ÜBUNG 5

NEUE WEGE GEHEN
(5 MINUTEN)

Gehen Sie wortwörtlich einen neuen Weg. Bei der nächsten Gelegenheit wählen Sie einen Weg, den Sie sonst nicht nehmen. Egal ob zum Briefkasten, zum Supermarkt oder zur Arbeit.

Grundsätzlich funktioniert die Übung auch mit dem Auto oder mit der Bahn. Aber am besten geht es zu Fuß, weil Sie sich dann ganz auf den neuen Weg konzentrieren können.

- Wenn möglich, gehen Sie etwas langsamer und aufmerksamer als sonst. Sehen Sie sich um. Der neue Weg wird vielleicht nicht ganz so gradlinig sein wie der normale. Aber er ist auch okay, schließlich kommen Sie so auch ans Ziel.
- Sie müssen den Weg nicht besser oder schöner finden. Nehmen Sie einfach seine Andersartigkeit wahr, so gut wie möglich. Was unterscheidet diesen Weg von dem üblichen?
- Natürlich können Sie die Übung auch ausweiten und einen ungewohnten Abendspaziergang durchführen. Oder Sie gehen einfach mal andersherum um den Block oder durch den Supermarkt.
- Nehmen Sie die Übung möglichst locker und humorvoll. Schauen Sie sich selbst über die Schulter. Vielleicht fällt Ihnen auf, wie ungewohnt Ihnen der Weg erscheint. Möglicherweise ist es Ihnen richtig unangenehm, nicht den üblichen/besten/schnellsten/normalen Weg zu nehmen. Oder es ist eine erholsame Abwechslung.
- Nehmen Sie diese Einschätzung einfach zur Kenntnis. Sie müssen damit nichts anfangen, sich nicht ändern, nichts lernen.
- Deswegen sollten Sie ohne weiteres Nachdenken einfach den nächstmöglichen Weg nutzen, um einen neuen Weg zu gehen: Weil es eine bildhafte Möglichkeit ist, neue Wege spürbar zu machen. Nicht mehr, nicht weniger.

DAS BRINGT'S

Abwechslung. Anregung. Allein schon die Beschäftigung mit dem Bild der »neuen Wege« regt Ihr Unterbewusstsein an, auch im Hinblick auf Ihre Lebenssituation »neue Wege« in Betracht zu ziehen.

Vielleicht kommen Ihnen auf dem Weg **Lösungsmöglichkeiten** in den Sinn, **die bisher undenkbar schienen**. Keine Angst: Alles geschieht nur in Ihrem Kopf! Wenn die möglichen »neuen Wege« Ihnen nicht zusagen, sind Sie nicht gezwungen, den Ideen zu folgen. Vielleicht fehlen noch wichtige Aspekte, oder der Preis ist einfach zu hoch. Vielleicht kommen Ihnen auch Möglichkeiten in den Sinn, die nicht wirklich möglich sind, auch wenn es schön wäre. Oder die so aufwändig sind, dass Sie diesen Weg letztlich noch nicht gehen wollen.

Das sind die Bausteine, mit denen unser Unterbewusstsein puzzelt. Denn Sie und ich glauben daran, dass **wir Einfluss auf unser Leben haben**. Machen wir uns auf den Weg!

CHECK LISTE

ENERGIEBRINGER UND ENERGIERÄUBER

Manche Dinge oder Verhaltensweisen kosten uns Energie. Andere laden unsere Batterien wieder auf. Manchmal haben wir die Wahl und können uns gegen einen Energieräuber oder für einen Energiebringer entscheiden. Oder wenigstens besser verstehen, warum wir uns fühlen, wie wir uns fühlen.

Mögliche Energiebringer

- Freunde, die Sie auch nachts um drei aus dem Bett klingeln könnten (jedenfalls mit einem guten Grund)
- Menschen, die einen als fähiger einschätzen, als man selbst es tut
- Draußen sein, vor allem bei Tageslicht
- Wenigstens ab und zu mal was richtig Gesundes essen
- Genug trinken
- Ausreichend Schlaf
- Tanzen, feiern, singen
- Einen kleinen Traum erfüllen (neues Buch, Lieblingsshirt, Frühstück im Bett …).

Häufige Energieräuber

- Menschen, die immer nur jammern und nie selbst für irgendetwas verantwortlich sind
- Menschen, die der Überzeugung sind, Politik »nützt sowieso nichts«
- Mahnungen (bezahlen Sie Ihre Rechnungen oder lassen Sie Zahlungen abbuchen)
- Versprechen brechen. Lieber einmal mehr nachdenken vor einer Zusage, als regelmäßig unzuverlässig zu sein

- (Haus-)Arbeiten, die wir nicht leiden können. Ob Steuererklärung oder staubsaugen: Finden Sie den Spaß darin – oder bezahlen Sie jemanden, der Ihnen die Aufgabe abnimmt
- zu wenig Schlaf
- Drogen, Rauchen, (zu viel) Alkohol (sogar dann, wenn sich das nach Erholung oder Erleichterung anfühlt)
- zu viel TV oder Internet
- Unordnung
- (zu viel) Fertiggerichte bzw. Fast Food
- zu lange Listen, was man alles machen oder lassen soll.

Wenn Sie möchten, können Sie hier Ihre eigene Übersicht erstellen, als kleine Erinnerung in Krisenzeiten:

Was mir Freude bereitet	*Was mich nervt*

TAG 6 (SAMSTAG)

Was ist Kreativität? Und was nützt sie uns? Kreativität bedeutet, etwas zu erschaffen (»kreieren«), das vorher so nicht da war. Damit ist aber nicht gemeint, einen Topf Kartoffeln zu kochen – obwohl die gekochten Kartoffeln vorher »so noch nicht da« waren. Kreativität erschafft dagegen etwas Dauerhaftes, also zum Beispiel ein neues Rezept für Kartoffelsalat oder ein Bild oder ein anderes Produkt.

Der Psychoanalytiker und Philosoph Erich Fromm sagte: »Kreativität erfordert den Mut, Sicherheiten loszulassen.« Da ist etwas dran, denn wer *alles* so lassen möchte, wie es ist, kann nichts Neues denken.

Kreativität wird in allen Lebensbereichen benötigt, privat wie beruflich. Allerdings muss Kreativität nicht immer ein großer Wurf sein. Sie kann sich auch im Kleinsten ausdrücken. Und sie muss auch nicht immer schwierig oder beängstigend sein. »Kreativität ist Intelligenz, die Spaß hat«, fand Albert Einstein.

Was nützt Kreativität?

Das beste Lebensgefühl, ermittelte Psychologieprofessor Mihály Csíkszentmihályi bereits Mitte der siebziger Jahre, erleben wir im sogenannten »Flow«. Das ist ein Zustand, in dem wir heraus-, aber weder unter- noch überfordert sind. Konkret: Wir haben eine Aufgabe, verfolgen eine Idee, knobeln an etwas herum. Es interessiert uns, ist nicht ganz einfach, aber erscheint auch nicht unlösbar. Derartige Momente treten zum Beispiel beim Sport oder beim Kochen auf. Wir verlieren uns einfach gänzlich in unserem Tun, vergessen Zeit und Raum, fühlen uns wohl.

Dieser angenehme Zustand lässt sich nicht erzwingen, wohl aber ködern. Kreative Aufgaben sind dafür bestens geeignet. Ganz gleich, ob Sie nun puzzeln, malen, stricken oder singen … alles gute Möglichkeiten, »Flow« zu erzeugen. Und das fühlt sich nicht nur angenehm an, es strahlt auch aus in andere Bereiche. Vielleicht kennen Sie den Effekt, dass Ihnen die besten Ideen unter der Dusche oder zu anderen überraschenden Zeitpunkten kommen. Das liegt daran, dass unser Unterbewusstsein es in diesem Halbwach-Zustand leichter hat, neue Verknüpfungen zu erstellen.

ÜBUNG 6

DEN FLUSS DER GEDANKEN ZU PAPIER BRINGEN
(10 MINUTEN)

Holen Sie Ihren Lieblingsstift und ein Notizheft im Format Din A4. Sie können auch einfach einige weiße Blätter verwenden. Wenn Sie kein Papier im Format A4 (so wie die großen Schulhefte) zur Hand haben, nehmen Sie kleineres. Notfalls verwenden Sie einen Notizblock.

- Sie können entweder den Wecker auf zehn Minuten stellen oder fünf Seiten vollschreiben. Entscheiden Sie sich für das Ziel (Zeit oder Seiten), das Ihnen angenehmer ist.
- Nun beginnen Sie zu schreiben. Egal was. Schreiben Sie einfach! Schreiben, schreiben, schreiben. Ohne zu denken, ohne abzusetzen. Diese Übung nennt sich »stream of conciousness« – das bedeutet in etwa: Fluss des Bewusstseins. Dabei geht es jedoch gerade nicht darum, »bewusst« zu schreiben, sondern die Aufgabe besteht darin, den »Fluss der Gedanken« in unserem Kopf zu Papier zu bringen.
- Sie schreiben also auf, was die Stimmen in Ihrem Kopf sagen. Vielleicht sind sie kritisch, und der erste Satz lautet: »Was ist das nur für eine blöde Übung?«
- Schreiben Sie einfach weiter. Ohne zu reflektieren oder darüber nachzudenken, immer weiter, weiter, weiter.
- Es kann auch sein, dass Sie gar nicht recht wissen, wie Sie anfangen sollen: »Ich weiß gar nicht recht, wie ich anfangen soll. Was soll ich denn schreiben?«
- Oder die Übung gefällt Ihnen von Anfang an: »Wie toll! Endlich einmal Zeit zum Schreiben! Sehr gut! Ich habe so viel mitzuteilen!«
- Es ist gleichgültig, was Sie schreiben. Versuchen Sie nicht, »Nützliches« zu schreiben. Sie wollen keine To-do-Liste, keine Einkaufsliste, keinen Themenplan, keine Ideensammlung erstellen.
- Danach haben Sie die Wahl. Sie können die Seiten ins Altpapier entsorgen. Oder, wenn Ihnen das momentan unangenehm ist, können Sie sie auch aufheben. Oder

Sie können Sie verbrennen, falls Sie zum Beispiel etwas emotional Aufwühlendes geschrieben haben, von dem Sie sich loslösen möchten. Wir brauchen die Seiten nicht mehr. Wir werden auf die Übung noch zurückkommen, nicht aber auf die heute geschriebenen Seiten.

- Bitte lesen Sie die von Ihnen geschriebenen Seiten nicht durch. Es geht nur darum, die Gedanken in Fluss zu bringen. Das haben wir geschafft, mehr ist nicht zu tun.

DAS BRINGT'S

Diese Schreibtechnik ist sozusagen eine Art **unkoordiniertes »Brainstorming«**. Diese Technik kennen Sie wahrscheinlich. Dabei werden zu einem bestimmten Thema erst einmal Ideen gesammelt, ohne diese zu bewerten. Das klappt meist nicht, weil im Normalfall immer gleich jemand stöhnt oder kommentiert. Vor allem haben auch wir selbst eine Art »Schere im Kopf« und überprüfen vorab, ob unser Wortbeitrag als dumm, unsachlich, peinlich bewertet werden könnte.

Bei dieser Schreibübung gewöhnen wir uns daran, diese **Kontrollinstanz zu ignorieren**. **Denn die besten, frischesten Ideen sind respektlos.** Das muss man sich erst einmal erlauben.

TAG 7 (SONNTAG)

Es gibt endlos viele Tipps, um »glücklicher« zu werden. So wie es auch tausend Diäten und Handytarife gibt. Wichtiger, als weiter zu suchen und die »beste« Idee, Diät oder den »besten« Deal zu finden, ist … sich zu entscheiden! »*Perfect is the enemy of done*«, sagt man im Englischen: Der Wunsch nach Perfektion verhindert Ergebnisse.

Dabei kann der Wunsch nach Perfektion auch zum Schutzschild werden. Wer immer nach einer noch besseren Lösung sucht, ist ja nicht untätig, muss sich nichts vorwerfen oder vorwerfen lassen. Er oder sie wird nur nie fertig, muss kein Risiko eingehen, kann nicht scheitern. Aber eben auch nicht vorankommen.

Deswegen raten Zufriedenheitsexperten wie die Autorin Gretchen Rubin (»Das Happiness-Projekt«, »Erfinde dich neu«), mit möglichst geringem Aufwand eine möglichst gute Entscheidung zu treffen. Und diese dann ungerührt umzusetzen, auch wenn wir das Gefühl haben: Da gibt es doch bestimmt noch mehr! Dieses Gefühl macht Angst. Aber mit der Zeit gewöhnt man sich daran. Entscheidungen bringen Unsicherheit mit sich. Aber ohne Entscheidungen (und also: ohne Unsicherheit) kommen wir nicht weiter. Also bleibt uns nichts anderes übrig, als zu versuchen, die Balance zwischen Aufwand und Ertrag möglichst gut hinzubekommen.

Unsere Freunde haben die besten Probleme

Ist Ihnen eigentlich schon mal aufgefallen, wie leicht es Ihnen fällt, die Probleme Ihrer Freunde zu lösen? Die zwei sollten sich endlich scheiden lassen … sie müsste nur daran glauben, dass er sie liebt, denn das tut er … er könnte doppelt so viel Geld verdienen, wenn er sich mal einen neuen Anzug kaufen würde … Alles ganz einfach! Aber halten sich Ihre Freunde an Ihren Rat? Natürlich nicht! So geht es uns selbst auch. Für andere ist unser Problem recht einfach erkennbar und die Lösung offensichtlich. Aber wir halten uns für besonders individuell und haben tausend Gründe, warum wir nicht so handeln können. Das ist auch in Ordnung. Aber dann ist die Konsequenz eben auch, dass wir nichts tun, oder nicht genug.

Wie können wir uns selbst auf die Spur kommen? Uns vielleicht ein wenig besser kennenlernen – und zugleich nicht mehr ganz so ernst nehmen?

Dazu muss man mit sich allein sein können. Das ist gar nicht so einfach. Genau genommen ist es sogar in den letzten zwanzig Jahren schwerer denn je geworden. Die meisten von uns haben ganz verlernt, wie es sich anfühlt, mit sich und den eigenen Gefühlen allein zu sein. Und wenn es dann mal geschieht, weil nichts im TV läuft, das Internet gestört ist und die Freunde keine Zeit haben, fühlt es sich ganz komisch an. Dazu kommt, dass von uns ständige Erreichbarkeit erwartet wird, schon längst nicht mehr nur beruflich.

ÜBUNG 7

EINE HALBE STUNDE ZUM SELBST PILGERN

(30 MINUTEN)

Gehen Sie 30 Minuten in der Natur spazieren. Allein. Ohne Handy, ohne MP3-Player. Auch der Hund bleibt zu Hause. Diese Zeit ist nur für Sie!

- »Natur« müssen Sie dafür nicht zu eng definieren. Ein Park oder ein Wäldchen ist okay. Sie müssen weder Bergsteigen noch der Zivilisation den Rücken kehren.
- Bemühen Sie sich darum, Ihre Umgebung wahrzunehmen und Ihre Gedanken ziehen zu lassen. Ziel ist nicht, »keine Gedanken« zu haben. Sondern ihnen nicht nachzugehen, während Sie stramm durch den Wald marschieren oder gar joggen.
- Wann immer Ihnen auffällt, dass Sie über etwas nachdenken, im Geiste ein Problem lösen oder eine Einkaufsliste erstellen … nehmen Sie es mit einem Lächeln zur Kenntnis, lassen Sie den Gedanken los und widmen Sie Ihre Aufmerksamkeit wieder dem Wald oder der Landschaft um sich herum.

DAS BRINGT'S

Erstens: Draußen-Sein tut uns gut, ebenso leichte körperliche Bewegung. 30 Minuten leichtes Spazierengehen (allerdings: täglich) ist eine der erfolgreichsten Therapien gegen Depression.

Zweitens: In der Natur fällt es leicht(er), die **Aufmerksamkeit von den eigenen Gedanken zu lösen**. Denn es gibt genug zu sehen und zu beobachten, um sich von sich selbst abzulenken.

Drittens: Dabei nicht mit jemandem zu sprechen, sei es am Handy oder mit einer Begleitung, fällt vielen Menschen schwer. Es ist aber von Anfang an für jeden offensichtlich, dass es nicht »schlimm« sein kann, das zu tun.

Viertens: Der Mix aus Umgebung, Bewegung und mangelnder Ablenkung führt ganz automatisch zur lockeren Beschäftigung mit dem Ich. Wir müssen und **sollen nicht Grübeln**. Aber wie auf einem Pilgerweg **setzen wir uns mit uns selbst auseinander**, lernen uns kennen, weil nichts anderes übrig bleibt. Manchmal führt das zu tollen Geistesblitzen, manchmal nicht. Wichtig ist vor allem die Erfahrung: **Ich kann eine halbe Stunde mit mir allein sein, ohne dass die Welt stehenbleibt, explodiert oder sonst irgendetwas Schlimmes passiert**.

FRAGEN & ANTWORTEN I

Gefühle sind nicht direkt sichtbar oder messbar. Woran merke ich, dass die Methode funktioniert?

Man kann mittlerweile wissenschaftlich nachweisen, dass die neuronalen Verbindungen (die »Schaltkreise« im Gehirn) nicht in der Jugend entstehen und danach unverändert bleiben. Sondern wir können zu jedem Zeitpunkt unser Gehirn (gezielt) verändern.

Sie kennen das, im Negativen, von Menschen, die der Ansicht sind, ihnen ginge immer alles schief. Die werden mit der Zeit immer miesepetriger. Genauso kann man aber die Gefühlsnadel auch in Richtung Pluspol verschieben.

Schon nach der ersten Woche sollten Sie im Alltag Folgendes bemerken:

- Bei Problemen bleiben Sie ruhiger als sonst.
- Sie schlafen besser ein oder durch.
- In ruhigen Momenten fällt Ihnen Ihre Umwelt (z. B. der Abendhimmel oder eine hübsche Pflanze) oder Ihr Atem auf.
- Es fällt Ihnen leichter, sich mit der Tatsache zu beschäftigen, dass irgendetwas in Ihrem Leben gerade nicht ganz so läuft, wie es sollte oder könnte. Sie müssen nicht sofort etwas anderes tun oder an etwas anderes denken, wenn Sie an dieses Thema erinnert werden.
- Sie denken an Ereignisse in Ihrem Leben zurück, die Ihnen besonders gut gefallen haben, oder an Zeiten, in denen es Ihnen besonders gut ging – und zwar nicht voll Frust und Wehmut, sondern als Kraftspender und Motivation.
- Sie waren in der vergangenen Woche mehr im Freien als sonst.
- Im Umgang mit Freunden, Kollegen oder Familie erscheinen Sie gelassener, entspannter.

Wieso man statistisch diese Erfolge vorhersagen kann, lesen Sie in der nächsten Antwort.
Wenn Ihnen die ersten Veränderungen Ihres Verhaltens und Ihrer Wahrnehmung noch nicht ausreichen, können Sie auch zu Ihrem Hausarzt gehen. Ihr Blutdruck und Ihr Puls werden niedriger sein als vor ein bis zwei Wochen. Und ein Blutbild ergibt, dass Ihr Immunsystem stärker geworden ist.

Wie lässt sich beweisen, dass die in diesem Buch dargestellte Vorgehensweise hilft?
Zufriedenheit lässt sich subjektiv messen. Dazu bewerten Probanden in Studien ihr anfängliches Befinden auf einer Skala von 1 bis 10. Anschließend lassen die Forscher sie bestimmte Übungen durchführen, manchmal nur wenige Minuten lang, bei anderen Studien über Tage, Wochen, Monate. Und am Schluss (oft auch zwischendurch) wird erneut abgefragt, wie die Menschen sich fühlen. Oft sind zudem auch noch bestimmte Aufgaben zu lösen oder Testfragen zu beantworten, die neutralen Aufschluss über bestimmte kognitive (gedankliche) oder emotionale Fähigkeiten geben.
Meist wird zudem eine Vergleichsgruppe überprüft, die nichts ändert oder eine andere Maßnahme durchführt. So lässt sich feststellen, wie wir leichter abnehmen oder Gewohnheiten verändern können, wie wir effektiver lernen oder uns glücklicher fühlen.
All das ist natürlich nur statistisch aussagekräftig. Im Grunde wie Hautcremewerbung: Bei 87 % aller Testerinnen gingen Augenfältchen sichtbar zurück. Klappt es dann bei Ihnen? Weiß man nicht sicher. Aber die Chance auf einen Erfolg beträgt 87 %!

Mein Problem ist etwas ganz Besonderes und lässt sich mit herkömmlichen Mitteln nicht lösen. Warum sollte diese Herangehensweise mir helfen?
Jedes Problem ist so individuell wie diejenige oder derjenige, die/der es hat. Und – richtig – manche sind besonders verzwickt!

Lässt sich jedes Problem mit der in diesem Buch vorgestellten Methode lösen?
Die Antwort darauf ist ein klares Nein. Schon deshalb, weil manche »Probleme« schlicht nicht sachlich lösbar sind.

Aber lässt sich jede als unangenehm empfundene Situation mit Hilfe der Übungen in diesem Buch verbessern?
Klares Ja!
Meist bieten sich ja drei Möglichkeiten sowie zusätzlich unterschiedliche Kombinationen dieser Möglichkeiten:

A Sie lassen alles, wie es ist, und finden es auch weiterhin so, wie Sie es momentan finden. Klingt blöd, ist aber eine Option.

B Sie verändern, was sich verändern lässt. Dazu müssen Sie allerdings erst einmal genau herausfinden, worum es geht und welche Stellschrauben die Situation bietet. (Beispiel: Wenn Ihr Partner vom Job gestresst ist und Sie dann abends anschreit – ist das dann ein Job-Problem, ein Ehe-Problem oder müssen Sie nur die Zähne aufeinander beißen und durch? Erst wenn Sie wissen, wie Sie die Lage beurteilen, können Sie mögliche Maßnahmen überdenken.)

C Sie akzeptieren, was sich nicht verändern lässt bzw. was Sie nicht verändern wollen. (Beispiel: Sie verdienen viel Geld mit wenig Arbeit in einem Schreibtischjob. Aber Sie würden gern auf Barbados leben. Finanzielle Unsicherheit macht Ihnen Angst. Dann kann es sinnvoll sein, sich mit der Tatsache anzufreunden, dass Sie den Preis für die Erfüllung Ihres Wunsches nicht zahlen wollen. – Anderes Beispiel: Sie möchten als Stewardess um die Welt fliegen, sind aber zehn Zentimeter zu klein. Natürlich können Sie gegen die Einstellungsvoraussetzungen klagen. Oder Sie haben darauf keine Lust und entwickeln Job-Alternativen.)

Alle drei Varianten beenden den Zustand, sich zu ärgern und nichts zu unternehmen, weil man nicht weiß, was man unternehmen könnte oder sollte. Selbst sich für Variante **A** zu entscheiden (Sie lassen alles, wie es ist, und finden es weiter doof) ist besser, als Variante **A** zu leben und sich auch noch darüber zu ärgern.
Insofern: Natürlich ist Ihre Situation individuell. Und selbstverständlich ist sie schwierig aufzulösen. Sonst hätten Sie das Problem doch längst geklärt! Diese Einschätzung ist also mit Sicherheit korrekt.

Können die Übungen in diesem Buch Ihnen dennoch helfen, eine neue Lösungsidee zu finden, um entweder tatsächlich ans Ziel zu kommen – oder weniger unzufrieden damit zu sein, nicht ans Ziel zu kommen?
Ja, ganz eindeutig! So wird es sein.

TAG 8 (MONTAG)

»Es gibt kein richtiges Leben im falschen«, behauptete der deutsche Philosoph Theodor Adorno 1951 in seinem Buch »Minima Moralia«. Es ist sein meistzitierter Satz. Das liegt wohl mit daran, dass er sich auf den ersten Blick erschließt. Zumindest scheinbar.

Die »Minima Moralia« halten Adornos Schrecken über den faschistischen Terror im Hitler-Deutschland fest. Lange wurde der Satz daher so verstanden: Wer in einem Unrechts-Staat (wie Hitler-Deutschland, später aber auch der DDR oder heutzutage in Nordkorea) lebt, *kann* gar kein »richtiges Leben im falschen« führen. Denn die Umstände sind so hundsmiserabel einschränkend, dass man sich bestenfalls durchmogeln kann. Mehr ist nicht drin.

Inzwischen geht man davon aus, dass Adornos Satz sich vor allem auf die Beziehung von Einzelschicksal und Umwelt bezieht. In einer ersten Textfassung stand nämlich: »Es lässt sich privat nicht mehr richtig leben.« Sehr wahrscheinlich ging es ihm darum, zu verdeutlichen, dass es zwar nicht (mehr) möglich sei, ein insgesamt »richtiges Leben« zu führen. Gerade deshalb aber dürfe man sich »den Sinn für das Richtige nicht abkaufen lassen«, so Philosoph Martin Seel in der »Zeit«. Seel gilt als Vertreter der »dritten Generation« der »Frankfurter Schule«, die von Adorno mitbegründet wurde.

Leben voller Hoffnung

Es lohnt sich, mit Adornos Satz ein wenig herumzuspielen. Kann es ein »falsches Leben im richtigen« geben? Kann man also bei idealen äußeren Bedingungen ein äußerlich »richtiges Leben«, führen, das innendrin aber »falsch« ist?

Und was ist überhaupt ein »falsches Leben«? Eines, das sich »falsch« anfühlt? Oder eines, das von Philosophen oder irgendwem sonst als »falsch« bewertet würde?

Adornos Satz wirkt sicher auch deswegen so faszinierend, weil er so abstrakt ist. Man meint zwar, ihn intuitiv zu verstehen – dabei ist dieses Verständnis rein persönlich. Sie verstehen den Satz so, ich ganz anders.

Gibt es ein richtiges Verständnis im falschen? Jedenfalls scheint der Formulierung die Hoffnung innezuwohnen, so etwas wie ein »richtiges Leben« wäre möglich. Das macht Hoffnung.

Und instinktiv wissen wir: Ein Leben, das sich »falsch« anfühlt – warum auch immer – kann kein »richtiges Leben« sein. Das motiviert.

ÜBUNG 8

DER STETIGE STROM UNSERER GEDANKEN

(10 MINUTEN)

Suchen Sie sich einen Ort, an dem Sie ungestört sind. Sie können für diese Übung früher aufstehen, Ihr Büro in der Mittagspause abschließen, in den Park gehen. Schalten Sie den »Flugmodus« Ihres Handys ein und stellen Sie den Timer auf 10 Minuten.

Wenn Ihnen das zu lang vorkommt, beginnen Sie mit 5 Minuten. Lesen Sie die Anleitung zuerst vollständig durch. Dann beginnen Sie die Übung. Sie ist nicht besonders kompliziert, aber wenn Sie zwischendurch etwas nachlesen wollen – kein Problem. Tun Sie das einfach und setzen Sie die Übung so gut fort, wie es Ihnen möglich ist.

- Setzen Sie sich bequem und mit aufrechtem Rücken hin. Auf einen Stuhl, eine Bank, Ihr Sofa, einen Küchenstuhl. Wenn Sie möchten, können Sie auch im Schneidersitz auf einem Kissen Platz nehmen. Legen Sie Ihre Hände auf die Knie. Handflächen nach unten oder oben, wie es bequemer ist. Schließen Sie die Augen, wenn Sie mögen, oder richten Sie den Blick nicht fokussiert in eine mittlere Entfernung, wie beim Tagträumen.
- Achten Sie einen Moment lang auf Ihren Atem. Vielleicht drei, vier, fünf Atemzüge lang. Sie wollen Ihren Atem nicht verändern. Folgen Sie ihm einfach nur mit Ihrer Aufmerksamkeit. Ein … aus … ein … aus …
- Stellen Sie sich nun vor, Sie sitzen am Ufer eines Flusses. Der Fluss kann breit oder schmal sein. Vielleicht stehen Bäume am Ufer. Das Wasser fließt ruhig und stetig an Ihnen vorbei.
- Beobachten Sie das Fließen des Wassers. Nach einiger Zeit werden Sie bemerken, dass Ihre Aufmerksamkeit abgeschweift ist. Sie denken an irgendetwas anderes als den Fluss.
- Stellen Sie sich dann vor, Ihre Gedanken wären ein Ast, der vorübertreibt. Er kommt angeschwommen, treibt an Ihnen vorbei, verschwindet in Richtung der Strömung.

- Dann beobachten Sie wieder im Geiste das Fließen des Wassers. Wenn Sie das nächste Mal bemerken, dass Sie wieder an etwas denken, kommt der nächste Ast angeschwommen. Wieder treibt er vorbei … und mit dem Wasser davon …
- Und immer so weiter. Sie beobachten das ruhig und gemächlich an Ihnen vorbeiströmende Wasser, und wenn Sie davon abkommen, verwandeln Sie Ihren Gedanken in einen Ast und lassen Ihn davontreiben.
- Wenn Ihr Handywecker piepst, öffnen Sie mit einem Lächeln vorsichtig und langsam die Augen. Genießen Sie die Ruhe, die sich in Ihrem Inneren ausgebreitet hat.

DAS BRINGT'S

Der Fluss symbolisiert den stetigen Strom unserer Gedanken. Sie tauchen auf und verschwinden wieder. Genauso gut könnte man sich auch Wolken vorstellen, die davonziehen. Dies zu erleben – und zu üben – beruhigt das Nervensystem.

Zudem birgt das Bild der Äste im Fluss noch eine weitere Ebene. Viele Dinge, die uns beschäftigen, gehen auf unsere Eindrücke von anderen zurück. Jemand hat Sie so komisch angeschaut. Oder: Was soll denn meine Mutter denken?

Solche Überlegungen sind weder falsch noch richtig. Wir können uns aber vorstellen, dass sie sozusagen entstehen, indem jemand anders flussaufwärts Äste ins Wasser wirft. Die schwimmen dann an uns vorbei. Was wir damit machen … ob wir versuchen, sie aus dem Strom zu fischen, sie bewundern oder uns gar an ihnen festklammern und mit ihnen weiterschwimmen wollen … liegt ganz bei uns selbst!

TAG 9 (DIENSTAG)

Wenn wir etwas »ablehnen«, müssen wir uns dazu steif machen. Auch wenn wir eine Situation ablehnen, erzeugt das Härte und Unflexibilität. Sagen wir »Nein« zu etwas, so verschließen wir uns vor dem, was gerade geschieht.

Manchmal ist das richtig und notwendig. Manchmal klappt es auch gut. Aber manchmal … steckt man plötzlich fest in der Ablehnung. Man kommt nicht mehr vorwärts zu einem neuen Ziel. Und nicht zurück zu Akzeptanz oder zumindest hinnehmen des jetzigen Zustandes.

Weil wir keine Vorstellung einer möglichen Lösung entwickeln können, sind wir gefangen. Wir sind auf unkreative Weise unzufrieden. Statt sich *für* etwas oder notfalls *gegen* eine Alternative zu entscheiden, bleibt uns nur: ventilieren, um Druck abzulassen. Landläufig auch: meckern.

Jahrelang schimpfen, aber nichts tun

Jeder von uns hat das schon bei anderen erlebt. Menschen, die seit Jahren über ihren Job oder ihren Partner schimpfen. Aber nichts tun. Denn das erscheint ihnen unmöglich. Ist es das wirklich?

Aber um wieder in Bewegung zu kommen, müssen wir genau das herausfinden. Was lässt sich ändern, und was nicht?

Abends nach Hause zu kommen und zu schimpfen – den Hund zu treten – oder den Kummer mit Prosecco und TV-Serien zu betäuben – ist kurzfristig entlastend. Aber auf die Dauer ist es eine Verschwendung von Lebenszeit. Und langweilig noch dazu.

Nun bin ich kein Anhänger der Annahme, man könne alles wahr werden lassen, was man sich vorgenommen hat. Das halte ich für Wunschdenken. Manche Dinge sind nun einmal unmöglich – oder zumindest so dermaßen unwahrscheinlich, dass sich der Aufwand nicht lohnt.

Nehmen wir mal an, Sie wollen Päpstin werden. Geht das? Vielleicht. Aber ist Ihr Leben sinnvoll dafür aufgewandt, die entsprechende Kampagne zu führen? Ich wage es zu bezweifeln. Man muss also abwägen.

Resignation ist der dunkle Zwilling des Ärgers

Wenn sich nicht realisieren lässt, was wir gern hätten, neigen wir dazu, aus Wut in Resignation zu verfallen. Das bringt genauso wenig, fühlt sich aber noch düsterer an.

Um wieder gutwillig am Leben teilzunehmen, ist es daher entscheidend, eine sinnvolle Handlungsoption zu entwickeln. Diese sollte zwei Kriterien erfüllen:

1. **Sie muss möglich (zumindest nicht erkennbar unmöglich) sein.**
2. **Sie darf Ihnen emotional nicht ganz und gar zu wider sein.**

Solche Ideen lassen sich relativ leicht entwickeln. Wir tun das ständig selbst, wenn uns klar ist, wie unsere Freunde ihre Probleme schnell und einfach lösen sollten.

Schwierig ist nur, eine derartige Lösung – die ja nicht zum eigentlich erhofften Ziel führt – selbst zu akzeptieren und dann auch ernsthaft an deren Umsetzung zu arbeiten.

Dabei ist die Motivation: »Ja« zu sagen, fühlt sich für jeden von uns besser an, als »Nein« zu sagen. »Ja« öffnet, »Nein« verschließt. Ein *Ja* zur zweit- oder drittbesten Lösung fühlt sich im Alltag angenehmer an als ein *Nein* zur schlechtesten.

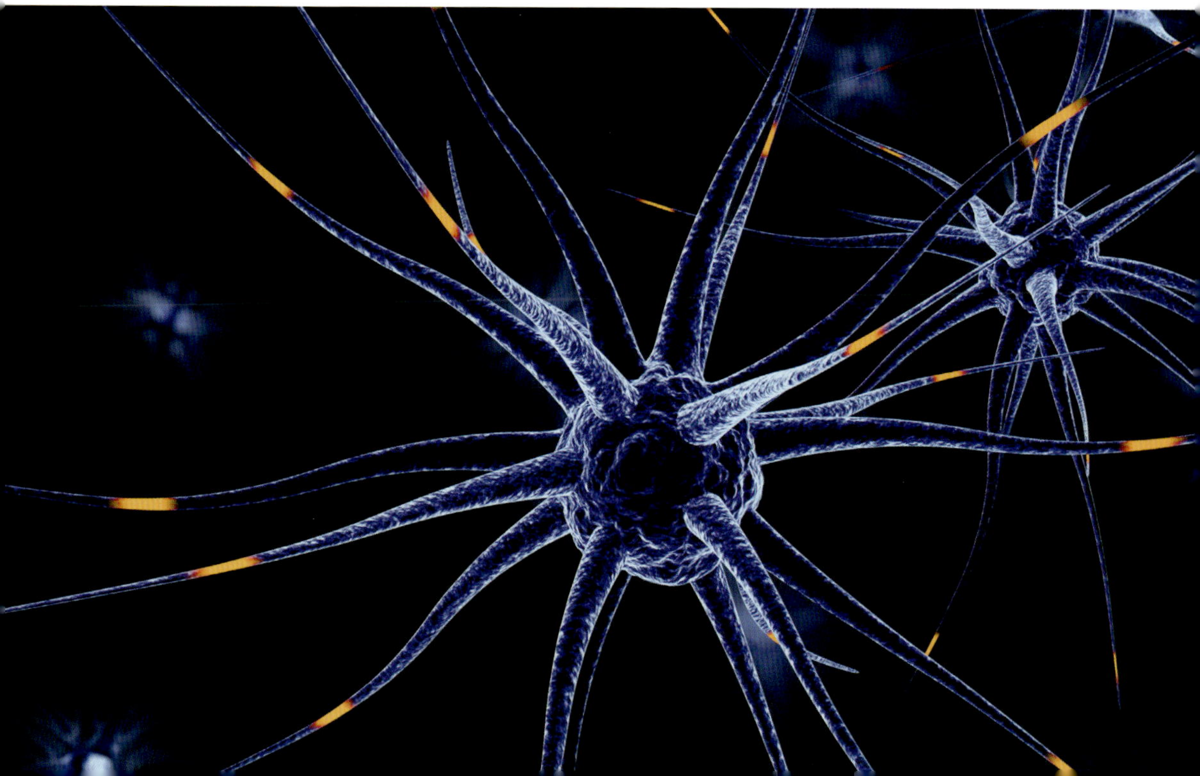

ÜBUNG 9
MECKERFASTEN
(5 MINUTEN BZW. REST DER WOCHE)

Ab sofort dürfen Sie bis einschließlich Sonntag nicht mehr meckern. »Meckern« bezeichnet dabei das nicht lösungsorientierte Ablassen von Unzufriedenheit.

(Weiterhin) erlaubt sind:

- **ändern, was zu ändern ist,**
- **ignorieren bzw. ausweichen.**
- Sie dürfen unangenehme Situationen also weiterhin beseitigen (z. B. indem Sie die quietschende Tür ölen, statt darüber zu jammern, dass sie quietscht).
- Und Sie dürfen Situationen, die Ihnen unangenehm sind, ausweichen bzw. diese ignorieren. Nehmen wir an, Ihr Partner schmeißt seine Dreckwäsche immer in die Ecke, statt in den Wäschekorb. Und Sie wollen ihm aber nicht hinterherräumen. Dann lassen Sie die Wäsche den Rest der Woche dort liegen und warten einfach ab, was geschieht. Sie beschäftigen sich aber auch nicht weiter damit, sondern mit etwas anderem. Nehmen Sie in diesen Momenten gern einen tiefen, langen Atemzug. Das beruhigt das Nervensystem und erleichtert das »Umschalten«.

DAS BRINGT'S

Meckerfasten macht uns bewusst, wie viel ziellose Unzufriedenheit wir in die Welt blasen. Sobald wir das erkennen, können wir es auch ändern.

Denn: Immer zu meckern, hält die entsprechenden neuronalen Bahnen im Gehirn stark. Wie einen oft genutzten Trampelpfad im Wald stellt »der schon wieder … warum bist du nur immer … du glaubst gar nicht, was mir heute passiert ist« eine gern genommene Abkürzung zwischen Frust und Entlastung dar.

Aber meckern macht nichts besser und uns auch nicht sympathischer.

Deshalb: Schluss damit! Zumindest probeweise für ein paar Tage.

Ab Montag dürfen Sie an der Übung herummeckern, so viel Sie wollen.

Wenn Sie dann noch wollen.

TEST
WIE NIMMT DIE AUSSENWELT MICH WAHR?

Bewerten Sie auf einer Skala von 1 – 5.
1 bedeutet »trifft überhaupt nicht zu«,
5 bedeutet »trifft voll und ganz zu«.

1	Freunde und Bekannte fragen mich oft um Rat.	1 2 3 4 5
2	Gutmütiger Spott unter Freunden gehört dazu.	1 2 3 4 5
3	Damit aus einer Sache etwas wird, muss ich mich immer selbst darum kümmern.	1 2 3 4 5
4	In der Familie habe ich eine wichtige Rolle inne.	1 2 3 4 5
5	Ich achte stets darauf, wie ich gekleidet bin.	1 2 3 4 5
6	Ich melde mich selten zu Wort, ohne gründlich überlegt zu haben, was ich sagen will.	1 2 3 4 5
7	Ich bin voller Ideen. Manchmal weiß ich gar nicht, was ich zuerst machen soll.	1 2 3 4 5
8	Oft verstehe ich gar nicht, warum andere sich mit etwas so schwer tun.	1 2 3 4 5
9	Wo gehobelt wird, da fallen Späne.	1 2 3 4 5
10	Ich bekomme jeden Tag so viele Anrufe und Nachrichten von Freunden und Familienmitgliedern, dass es mir manchmal fast zu viel wird. Aber nur fast.	1 2 3 4 5

AUSWERTUNG

- Addieren Sie Ihre Punkte. Wenn Sie **über 35 Punkte** haben, sind Sie vermutlich eher **extrovertiert, haben zu eigentlich allem eine Meinung und können viel bewegen**. Das ist sehr praktisch, kann auf andere aber u. U. oberflächlich wirken.
- **Unter 20 Punkten** bedeutet, dass Sie eher introvertiert und still sind. Es kann sein, dass **andere Sie gar nicht recht wahrnehmen und nicht wissen, was sie von Ihnen halten sollen**. Vielleicht wurden Sie das eine oder andere Mal schon »vergessen«, bei einer Einladung oder in einer Diskussion?
- **Zwischen 20 und 35 Punkten:** Sie sind vermutlich **gut in Ihren Freundeskreis integriert**. Mal stehen Sie im Mittelpunkt, mal jemand anders. Mal machen Sie einen Vorschlag oder organisieren etwas, aber nicht immer. Für andere stellen Sie einen wichtigen und umgänglichen Bestandteil der Gruppe oder Familie dar.

TAG 10 (MITTWOCH)

Das Gefühl, in einer blöden Situation »festzuhängen«, entsteht dadurch, dass wir uns mit der Vergangenheit und der Zukunft beschäftigen – aber nicht (ausreichend) mit der Gegenwart. Was soll das bedeuten?

Es heißt ganz praktisch: Wir fühlen uns gelähmt, weil wir nicht wissen, was wir *jetzt* tun können/sollen/wollen. Wir denken darüber nach, wie es war. Das ist vergangen, lässt sich nicht mehr ändern. Es war entweder toll oder nicht, oder vielleicht auch beides. Jedenfalls war es so, wie es war.

Daraus leiten wir instinktiv oft ab, es wäre gut für uns, wenn es so weiterginge. Alternativ oder ergänzend neigen wir dazu, wenn uns der Status Quo nicht zusagt, gedanklich in die Zukunft zu kippen. Was alles kommen könnte! Schlimmes! Schönes! Auf jeden Fall: Ungewisses! Derartige Fantasien können beängstigend sein, was Kraft kostet. Auf alle Fälle nützen Sie nichts beim Entscheiden für Heute.

Einfluss über das eigene Leben wiedergewinnen

Der einzige Moment, auf den wir aktiv und bewusst Einfluss nehmen und gestalten können, ist JETZT. Und das tun wir auch, ob wir wollen oder nicht. Sie lesen dieses Buch, weil Sie sich mehr oder weniger deutlich entschieden haben, dieses Buch zu lesen und nicht etwas anderes zu tun. (Keine Sorge. Das ist ein Positiv-Beispiel! Lesen Sie weiter!)

Sie können niemand anderes die Verantwortung dafür geben, dass Sie gerade tun, was Sie tun (also: dieses Buch lesen). Dennoch möchten wir oft die Verantwortung für die unangenehmen oder schwierigen Sachen jemand anderes in die Schuhe schieben. Aber seien Sie mal ganz ehrlich: Was nützt uns das?

Ja, dann ist vorgeblich jemand anderes dafür verantwortlich, dass Sie sich so unerfreulich fühlen.

Wäre es nicht viel hilfreicher, wenn Sie selbst dafür verantwortlich wären? Denn dann – nur dann – hätten Sie die Möglichkeit, es zu ändern!

ÜBUNG 10
ZÄHL-MEDITATION
(5 MINUTEN)

Lesen Sie die Anweisungen vollständig durch, bevor Sie mit der Übung beginnen.
Wählen Sie einen Zeitpunkt, zu dem Sie möglichst ungestört sind, auch vom Telefon. Schalten Sie Ihr Handy aus oder auf Flugmodus.

Setzen Sie sich bequem und mit aufrechtem Rücken hin. Auf einen Stuhl, ein Kissen auf dem Boden, eine Parkbank. Sie können auch gern auf dem Sofa sitzen, aber versuchen Sie dann möglichst, nicht in sich zusammenzusinken.

Stellen Sie einen Wecker oder den Timer Ihres Handys auf fünf Minuten. Wenn Sie die Übung mögen und wiederholen möchten, können Sie später auch längere Zeiten wählen – oder ganz ohne Uhr üben.

- Schließen Sie die Augen, wenn Ihnen das angenehm ist. Oder Sie richten den Blick nicht fokussiert in eine mittlere Entfernung auf den Boden vor Ihnen.
- Nun beginnen Sie, Ihre Atemzüge zu zählen. Sagen Sie beim Einatmen stumm im Kopf: »Eins«. Beim Ausatmen sagen Sie nichts (oder wiederholen »eins«, wenn Sie möchten). Beim folgenden Einatmen zählen Sie still: »Zwei«. Beim Ausatmen wieder einfach nur ausatmen oder »zwei« wiederholen. Und so weiter.
- Von hier an gibt es zwei Variationen. Nehmen Sie die, die Ihnen angenehmer erscheint.

  A Entweder Sie zählen bis »zehn« und beginnen danach wieder bei »eins«. Also: eins, zwei, drei, vier, fünf, sechs, sieben, acht, neun, zehn Atemzüge, und dann wieder eins, zwei, drei …

  B Oder Sie zählen einfach immer weiter über »zehn« hinaus.

- So oder so: Wenn Sie sich verzählen oder nicht mehr wissen, bei welcher Zahl Sie eben waren, fangen Sie wieder bei »eins« an.

- Die Übung klingt simpel, ist aber verdammt schwierig. Die meisten verlieren schon nach drei, vier Atemzügen den Faden. Ärgern Sie sich nicht darüber! Nehmen Sie es mit einem Lächeln zur Kenntnis und beginnen Sie erneut bei »eins«.
- Falls Sie die Übung wiederholen möchten: An manchen Tagen geht es super, an anderen kommt man kaum über die »zwei« hinaus. Das macht nichts! Das Ziel ist nicht, möglichst weit zu zählen. Sondern sich so gut wie möglich auf die Konzentrationsübung einzulassen.
- Wenn der Wecker piepst, beenden Sie die Übung. Sie können zufrieden mit sich sein, egal bei welcher Zahl Sie gerade angekommen sind.

DAS BRINGT'S

Die **»Zähl-Meditation«** ist eine scheinbar einfache Konzentrationsübung. Sie lässt sich überall durchführen, mit etwas Training auch in der Öffentlichkeit (z. B. in der Bahn auf dem Weg zur Arbeit).

Die Übung trägt dazu bei, **zu erleben und zu erkennen, wie flatterhaft unsere Konzentration ist**. Einerseits trainieren wir sie zugleich, andererseits üben wir freundliches Mitgefühl für uns selbst.

Wenn wir vor lauter Ideen, Überlegungen und Gedanken, die uns durchs Hirn huschen, noch nicht mal unsere Atemzüge zählen können … wie sollen wir dann unsere komplexen Probleme lösen? Deshalb sollten wir ein bisschen weniger frustriert mit uns sein. Und immer wieder üben, unsere Konzentration zu stärken und zugleich den Atem zu beruhigen.

Denn wenn wir den Geist mit dieser Zählübung zur Ruhe bringen, entspannt sich auch das Nervensystem. Das sonst ständig versucht, auf dem Gedankenkarussell mitzufahren. Der symbolische Charakter der Übung besteht darin, zu erleben: **Ich kann den letzten Atemzug nicht zählen, wenn ich ihn verpasst habe … und ich kann im Moment noch nicht den nächsten Atemzug zählen. Nur *diesem* Atemzug kann ich meine Aufmerksamkeit widmen!**

TEST

WAS BIN ICH FÜR EIN TYP UND WIE WÄRE ICH GERN?

Kreuzen Sie an, wo Sie jeweils auf dem Spektrum zu finden sind:

freundlich	unfreundlich
geduldig	ungeduldig
offen	verschlossen
geben	nehmen
unentschieden	entschieden
zuhören	reden

Wo stünden Sie gern?

TAG 11 (DONNERSTAG)

Nur wer sich selbst liebt, kann andere lieben. Jeder von uns hat das schon zigmal erlebt. Menschen, die mit sich oder ihrem Leben unzufrieden sind, können nicht *wirklich* mit uns zufrieden sein. Sie können »so tun als ob«. Aus Höflichkeit oder aus strategischen Gründen. Aber wenn es darauf ankommt, fühlen wir uns zu denjenigen hingezogen, die mit sich im Reinen sind.

Das heißt nicht, dass diese Menschen immer glücklich und gut drauf sind! Im Gegenteil: Sind sie traurig, dann sind sie *traurig*. Sind sie ärgerlich oder nervös, dann ist auch das deutlich zu erkennen.

Selbst-Liebe heißt nicht, alles toll zu finden, sich selbst eingeschlossen. Genau wie »Liebe« ja nicht bedeutet, alles toll zu finden am anderen, sondern, sie oder ihn insgesamt so zu lieben, wie sie oder er eben ist. Liebe in diesem Sinne ist also eher »Akzeptanz« als erotische Spannung.

Wir verbinden diese Selbstliebe bzw. Selbstakzeptanz oft mit Großeltern oder Weisen. Aber sie steht jedem von uns zur Verfügung.

So verändern Sie Hirn und Persönlichkeit

Man muss nur beginnen, sich mit sich selbst auseinanderzusetzen, sich auf sich selbst einzulassen. Dann gibt es wundervolle Eigenschaften an einem selbst, mittelmäßige und ziemlich blöde, wie bei allen anderen Menschen auch. Davon ausgehend kann man sie auch ändern. Wer die unangenehme Eigenschaft hat, andere ständig zu unterbrechen und dadurch besserwisserisch wirkt, kann sich bemühen, das zu lassen. Wem es schwer fällt, die eigene Position zu vertreten, aus Sorge, dann nicht mehr gemocht zu werden, kann das in kleinen Schrittchen ausprobieren und einüben.

Der Ausdruck unserer Persönlichkeit – unsere Gewohnheiten im Alltag – und damit auch die neuronalen Bahnen in unserem Gehirn – lassen sich beeinflussen und verändern.

Das geht viel besser, wenn wir uns selbst freundlich, freundschaftlich oder wohlwollend gegenübertreten. Kennt jeder aus dem Leben. Wenn Sie einer anschnauzt: Wollen Sie dann tun, was die- oder derjenige will? Bestimmt nicht.

Sie tun es vielleicht, weil Sie müssen oder weil Sie Angst haben. Aber Sie tun es nicht gern, Sie tun es nicht gutwillig. Und Sie würden es nicht wieder tun, wenn Ihr Gegenüber fort ist.

Gibt aber Ihre liebenswerte, von Ihnen über alles geliebte Oma Ihnen einen guten Rat, der Ihnen ganz und gar nicht gefällt … dann denken Sie vielleicht trotzdem darüber nach und probieren den Vorschlag mal aus. Weil Sie spüren: Wenn so ein netter Mensch mir das sagt, ist vielleicht etwas dran!

Auf diese Art mit sich selbst umzugehen, statt sich innerlich frustriert anzubrüllen, ist erlernbar. Es kostet Zeit und Kraft, aber ist möglich. Den ersten Schritt machen Sie mit der Übung heute, wenn Sie möchten.

ÜBUNG 11
WERTE ERKENNEN – WERTE LEBEN
(15 MINUTEN)

Wählen Sie einen Zeitpunkt, zu dem Sie eine Viertelstunde möglichst ungestört sind, auch vom Telefon. Vielleicht die Mittagspause oder nach dem Abendessen. Schalten Sie Ihr Handy aus oder auf Flugmodus.

Legen Sie sich einen Stift und einen Block oder ein Blatt Papier bereit.

- Setzen Sie sich zuerst bequem und mit aufrechtem Rücken hin. Holen Sie tief Luft und lassen Sie den Atem langsam wieder ausströmen. Noch einmal, dann ein drittes Mal.
- Schließen Sie nun für einen Moment die Augen, wenn Ihnen dies angenehm ist. Konzentrieren Sie sich für fünf bis zehn Atemzüge auf Ihren Atem, so gut Ihnen das möglich ist.
- Es geht nicht darum, den Atem zu verändern. Beobachten Sie einfach, wie Sie atmen ... tief oder flach, schnell oder langsam ... wo können Sie den Luftzug des Atems am deutlichsten spüren?
- Dann öffnen Sie mit einem Lächeln Ihre Augen, wenn Sie sie geschlossen hatten.
- Nun greifen Sie zu Stift und Papier. Notieren Sie drei Werte, die Ihnen wichtig sind. Sie können gern auch mehr aufschreiben, dann entscheiden Sie sich bitte am Schluss für die drei wichtigsten Werte.
- Vielen Menschen sind Werte wichtig wie Ehrlichkeit, Mut, Einfallsreichtum, Freundlichkeit, Freiheit, Menschlichkeit, Engagement oder Nächstenliebe. Überlegen Sie, welche Werte Sie im Alltag zum Ausdruck bringen – und ob das auch zu Ihnen passt! (Zum Beispiel kann es sein, dass andere einen vor allem als ehrgeizig beschreiben würden, man selbst sich aber – wenn man genauer darüber nachdenkt – gar nicht so sieht oder sehen möchte.)

- Wenn Sie einen Wert aktiv leben, der Ihnen in Wahrheit gar nicht gefällt, schreiben Sie das auf (z. B.: Ehrgeiz – sollte aber gar nicht so dominant sein). Stellen Sie sich nicht als Mutter Teresa dar. Ziel ist nicht Perfektion, sondern Selbsterkenntnis.

DAS BRINGT'S

Ziel ist die Auseinandersetzung mit den Werten, die uns wichtig sind – und unseren gelebten Werten. Wenn diese weitgehend übereinstimmen, sind wir zufrieden, auch wenn mal etwas schief läuft.

Ist zum Beispiel »finanzielle Sicherheit« ein hoher Wert für Sie, dann sorgen ein schlecht bezahlter Job oder Arbeitslosigkeit für mehr Stress als für jemanden, dem »Einfallsreichtum« wichtig ist.

Wichtig: Es gibt keine richtige oder falsche Lösung! Und: Sehr wahrscheinlich würden Sie die Frage morgen anders beantworten. Das macht nichts.

Wenn Sie Lust haben, können Sie sich nach Abschluss der Übung von den Gedanken an die gewählten Werte durch den Rest des Tages begleiten lassen. **So definieren Sie auf die Dauer Ihre eigene Persönlichkeit: Ich verhalte mich, wie es mir richtig erscheint, weil ich mich aus guten Gründen dazu entschieden habe!**

TAG 12 (FREITAG)

In Pädagogik und Management gibt es zwei sehr unterschiedliche Ansätze. Manche Lehrer und Vorgesetzte halten es für sinnvoll, Stärken zu stärken. Andere wollen lieber Schwächen ausmerzen bzw. verbessern.

In der Lebensrealität ist beides notwendig. Manche Dinge können wir nicht gut von allein, wollen sie aber können – also müssen wir etwas erlernen, was uns nicht in den Schoß fällt. Andere Fähigkeiten wurden uns in die Wiege gelegt.

Sehr wahrscheinlich haben auch Sie schon die Erfahrung gemacht: Es ist leichter, sich in etwas zu verbessern, was man schon einigermaßen gut kann oder was einem wenigstens Spaß macht. Wer Angst vor Mathe hat, tut sich schwer damit. Wer gern Sport macht, spricht im Ausland die Typen am Strand an und lässt sich das fremde Spiel erklären. Wer stark übergewichtig ist, rechnet nicht damit, beim Joggen die Liebe des Lebens kennenzulernen. Wer als Kind Nachmittage lang experimentierte, plant vielleicht später im Leben Brücken oder entwickelt Medikamente.

Immer wieder ist es notwendig, mit unseren Schwächen umzugehen. An ihnen zu arbeiten, uns zu verbessern. Darüber verlieren wir oft unsere Stärken aus dem Blick. Dabei können wir mit dem, was wir gut können und gern machen, viel mehr erreichen.

Stärken trumpfen Schwächen

Wenn Sie ein Problem erkennen und lösen wollen – besinnen Sie sich auf Ihre Stärken! Der eine ist logisch. Die andere kreativ. Einer improvisiert, eine plant. Man kann eine Situation strukturiert untersuchen – oder vom Gefühl her angehen.

Häufig stecken wir fest, weil unsere automatische Vorgehensweise uns in dieser speziellen Situation nicht weiterbringt. Statt sich darüber zu ärgern, wollen wir nun versuchen, unsere Stärken zu stärken. Und sie dann selbstbewusst nutzen, um die Situation zu erfassen und eine Lösung zu entwickeln.

Leider reicht es dafür meist nicht, sich ins Gedächtnis zu rufen: Ach, stimmt ja, ich bin toll!! Denn den meisten von uns fällt es viel leichter, die eigenen Fehler und Schwächen aufzuzählen, als Stärken und Talente. Das hängt auch mit dem Schul- und Bildungssystem zusammen, ebenso mit der Konkurrenz spätestens im Beruf. Ständig werden wir gemessen, selten gelobt. Die meiste Zeit sollen wir etwas besser machen, was nicht gut gelingt – denn was wir schon gut können, müssen wir nicht mehr besser machen. So konzentrieren wir uns über die Jahre unweigerlich auf die eigenen Schwächen statt auf die Stärken.

Daher lernen Sie heute eine Übung kennen, mit deren Hilfe wir uns systematisch unsere Stärken vergegenwärtigen und wieder nutzbar machen können.

ÜBUNG 12

METTA-MEDITATION

(10 MINUTEN)

Wählen Sie einen Zeitpunkt, zu dem Sie möglichst ungestört sind, auch vom Telefon. Schalten Sie Ihr Handy aus oder auf Flugmodus. Lesen Sie die Anleitung zuerst ganz durch. Sie werden auch zwischendurch auf die Übungsanleitung zurückgreifen müssen.

- Setzen Sie sich bequem und mit aufrechtem Rücken hin. Auf einen Stuhl, auf ein Kissen auf dem Boden oder auf das Sofa.
- Schließen Sie für einen Moment die Augen, wenn Ihnen das angenehm ist. Oder schauen Sie mit nicht fokussiertem Blick in eine mittlere Entfernung.
- Konzentrieren Sie sich etwa fünf bis zehn Atemzüge lang auf Ihren Atem. Geht er tief oder flach … ruhig oder schnell? Wo können Sie den Strom des Atems spüren, vielleicht auf der Nasenschleimhaut, in der Luftröhre, in der Lunge oder tief im Bauch? Genießen Sie das Gefühl, zur Ruhe zu kommen.
- Öffnen Sie dann Ihre Augen. Es folgt ein Teil einer traditionellen Meditation, die »Metta«-Meditation genannt wird. »Metta« ist ein Wort aus der Gelehrtensprache Pali, entspricht in etwa unserer Nächstenliebe und wird meist als »liebende Güte« übersetzt.
- In einer »Metta-Meditation« schickt man erst sich selbst, dann anderen Menschen und Wesen im Geiste diese »liebende Güte«. Man wünscht also sozusagen sich und anderen, dass das Leben gut läuft.
- Dazu wiederholen Sie still im Geiste die folgenden vier Sätze. Versuchen Sie, dies so freundlich sich selbst gegenüber zu tun, wie es Ihnen möglich ist.

  → **Möge ich gesund sein und frei von Leiden.**

  → **Möge ich frei sein von Hass, Gier und Verblendung.**

- → **Möge ich erfüllt sein mit Ruhe, Gelassenheit und Frieden.**
- → **Möge ich glücklich sein!**

- Wählen Sie nun einen der positiven Werte aus, die Sie gestern über sich selbst notiert haben. Wiederholen Sie die Sätze noch zwei Mal. Beziehen Sie sie auf einen der Werte. Das heißt: Sie wünschen sich – so wie Sie sich selbst sehen möchten – alles Gute und viel Erfolg.

DAS BRINGT'S

»Ich lern das nie!« Keine Ahnung, wie oft ich das in meiner Schulzeit gedacht habe. Was erstaunlich oft dann doch half: abschreiben, aufsagen, wiederholen.

Wenn Menschen negativen Gedanken oder Ansichten nachhängen, graben diese sich nicht nur in ihren Charakter, sondern tatsächlich auch in ihr Gehirn ein. Sie sehen sich selbst und das Leben dann immer stärker auf eine bestimmte negative Weise.

Umgekehrt können wir aber auch durch stetige, gutwillige Wiederholung positive Veränderungen erzeugen.

Skeptiker mögen das als eine Art »Gehirnwäsche light« ansehen. Da mag methodisch sogar etwas dran sein. Der Unterschied zu Religion oder Sekte besteht darin, dass Sie hier selbst entscheiden, was Sie sich vorsagen.

Ist es für Sie in Ordnung, gesund zu sein, ohne Hass, ruhig, gelassen, glücklich? Dann können Sie die Sätze oben getrost übernehmen.

Wenn Sie hingegen lieber Unruhe, Gier und Leiden empfinden oder behalten möchten, dann natürlich nicht. (Aber mal im Ernst, wer will das schon?)

In Studien lässt sich auch nachweisen, dass der Effekt zwar schneller und stärker eintritt, wenn Teilnehmer an den Nutzen der Übung glauben. Aber sie funktioniert auch, wenn jemand überzeugt ist: So ein Quatsch, das klappt nie!

Probieren Sie es aus. Wiederholen Sie die Übung zwei Wochen lang, wenn möglich jeden Tag. Sie gehen kein Risiko ein, denn wenn Sie sich dann wirklich unangenehm gut fühlen, können Sie immer noch damit aufhören.

CHECK LISTE

TIPPS GEGEN ERKÄLTUNGEN, KOPFSCHMERZEN, ZUM EINSCHLAFEN

Die drei häufigsten Alltagsprobleme sind: Erkältung, Kopfschmerzen, Einschlafprobleme. Gerade, wenn Sie in einer Situation feststecken, nehmen diese drei Probleme unerfreulicherweise weiter zu. Je fünf handfeste Tipps helfen, sie zu vermeiden oder wenigstens zu lindern! Das kann dazu beitragen, Ihr allgemeines Wohlbefinden wieder zu stärken und Ihnen so Freiraum und Kraft zu verschaffen für den Angang Ihrer Situation.

Erkältungen vermeiden

- Hände waschen! Lieber einmal öfter. Vor allem vor den Mahlzeiten!
- Im Winterhalbjahr mind. 2 Liter am Tag trinken. Besser warmes oder lauwarmes Wasser oder Tee als kalte Getränke (kosten den Körper Energie).
- Regelmäßig Vitamin C nehmen oder Zitrusfrüchte essen.
- Täglich ins Freie, aber angemessen angezogen (nicht zu kalt, aber auch nicht so warm, dass Sie schwitzen).
- Trockene Heizungsluft meiden, deshalb regelmäßig lüften und Luftbefeuchter nutzen oder feuchtes Handtuch auf die Heizung legen.

Kopfschmerzen vermeiden oder abbauen

- Regelmäßig essen. Stark schwankenden Blutzuckerspiegel vermeiden.
- Ausreichend trinken (ca. 2 Liter/Tag). Wenig Kaffee!
- Andere Frisur ausprobieren, Ohrringe herausnehmen. Reize an der Kopfhaut können Kopfschmerzen auslösen.
- Ärger offen ansprechen, auch wenn Sie sich davor fürchten. Besser einen Streit führen, als unterschwellige Ungewissheit haben.

- Regelmäßige Schlaf- und Wachzeiten, auch am Wochenende!
- Möglichst keine (oder möglichst wenig) Süßstoffe und Geschmacksverstärker essen/trinken (Light-Getränke, Imbiss-Essen, Fast Food).

Besser ein- und durchschlafen

- Letzte Mahlzeit vor 19 Uhr, eher kohlenhydratarm (leichter zu verdauen).
- Regelmäßige Schlafenszeiten, auch am Wochenende!
- Keine Arbeit im Bett! Möglichst auch keinen Schreibtisch im Schlafzimmer.
- TV und Internet 30 Minuten bis eine Stunde vor der Schlafenszeit ausschalten (Stress durch Spannung, Negativ-News und Bildschirm-Licht).
- Handy im Wohnzimmer laden. Das schützt vor Elektrosmog – und unser Unterbewusstsein vor der Sorge, das Handy könnte klingeln.

TAG 13 (SAMSTAG)

Vermutlich haben Sie es schon gemerkt: Eines der Ziele dieses Buches besteht darin, locker und sozusagen »spielerischer« an Situationen heranzugehen. Aber wie soll das möglich sein, wenn eine Situation wirklich ernst ist? Das ist ein Paradox (ein scheinbarer Widerspruch).

Ein gutes Beispiel dafür, finde ich, ist der Ratschlag eines Mönches, wie man ein »gutes Leben« führen soll:

Lebe, als wärest du unsterblich. Und als wäre morgen dein letzter Tag.

Es ist die Paradoxie des »Carpe diem«. Ganz offensichtlich ist es nicht wünschenswert, sich jeden Tag mit Party und Eiscreme vollzustopfen – auch wenn man das am wirklich letzten Tag vielleicht täte. Die Intention des Ratschlags ist jedoch: Triff die richtigen Entscheidungen – trödle nicht rum, sondern tue, was zu tun ist (»als wäre morgen dein letzter Tag«), und verhalte dich dabei so, dass du rückblickend zufrieden mit dir sein wirst (»als wärst du unsterblich«).

Beide Seiten der Medaille sind nötig, um gute Entscheidungen zu treffen. Nur so erreichen wir die erhoffte Balance aus Freude und Nutzen.

Ohne Entspannung keine Fantasie

Das Gleiche gilt für jedes Vorhaben. Ob Sie ein Buch schreiben, einen Marathon laufen, Ihre Kinder erziehen, das Schlafzimmer aufräumen oder eine Pizza auftauen wollen … gehen Sie zu verbissen an die Sache heran, kommen Sie zwar vielleicht buchstabengetreu ans Ziel. Doch Freude und Genuss bleiben ebenso auf der Strecke wie der Einfall, vielleicht noch eine Handvoll Ananas oder frisches Basilikum auf die Tiefkühlpizza zu werfen, oder daran zu denken, dass Sie möglicherweise die richtige Playlist im Ohr viel eher zum Lauftraining motiviert.

So sollten wir auch an die sperrigen, störrischen Probleme im Leben herangehen, egal ob Job, Familie, Liebe. Wir sollten uns ernsthaft und ausdauernd mit ihnen auseinandersetzen. Nicht so schnell aufgeben! Aber wir wollen auch neugierig, offen und frisch nach bisher nicht bemerkten Aspekten Ausschau halten.

Sonst suchen sich die originellen, einfallsreichen Lösungsideen einen anderen als uns. Weil wir sie nicht erkennen und willkommen heißen können, da wir nicht offen für sie sind. Und das wäre doch schade!

ÜBUNG 13

DEN FLUSS DER GEDANKEN ZU PAPIER BRINGEN

(10 MINUTEN)

Heute wiederholen wir die Übung vom letzten Samstag. Legen Sie einen Stift, den Sie gern benutzen, und einige Blätter Papier (oder einen Notizblock) bereit. Stellen Sie einen Wecker oder den Timer Ihres Handys auf zehn Minuten.

- Beginnen Sie zu schreiben, was Ihnen in den Sinn kommt. Ganz gleich, was. Vielleicht, wie blöd Sie diese Übung finden, oder auch wie toll.
- Vielleicht, was Sie beschäftigt. Was Ihnen Angst macht, wonach Sie sich sehnen. Was Ihnen fehlt, was Sie lieben.
- Schreiben Sie entweder zehn Minuten lang oder bis Sie fünf Seiten voll haben.
- Achten Sie dabei nicht weiter auf den Inhalt dessen, was Sie schreiben. Ihr Unterbewusstsein kümmert sich schon darum. Sie sind sozusagen nur das Medium.
- Wenn Sie fertig sind, können Sie die Seiten weglegen, entsorgen, verbrennen … was immer Ihnen angemessen erscheint. Wir werden sie im Rahmen dieses Buches nicht mehr benötigen.

DAS BRINGT'S

Ständig schießen Ihnen Gedanken kreuz und quer durch den Kopf. Das ist bei einigen Übungen in dieser Woche sicher noch einmal deutlicher geworden. In manchen Übungen arbeiten wir daran, diesen Gedankenfluss wahrzunehmen, ihn mal zu betrachten, mal zu beruhigen. **Die Schreibübung heute ist ein weiteres wertvolles Ventil für all die Gedanken, die uns andauernd durch den Kopf gehen.**

Man sagt, Menschen möchten »gesehen« oder »gehört« werden. Wir wollen also von unseren Mitmenschen wahrgenommen werden.

Mit unseren Gedanken ist es ebenso: Sie wollen »zu Wort kommen« und wenn sie erst einmal »sein« durften, können Sie ruhig davonziehen.

Manche Menschen machen bei dieser Übung die Erfahrung, dass bestimmte Sätze oder Themen sich wiederholen. Dann sind die vielleicht wichtiger, als im Alltag deutlich wird. Dazu müssen Sie nicht rückschauend Ihre Seiten durchsehen und analysieren. Das merken Sie von ganz allein. Nehmen Sie diese Themen zur Kenntnis, wenn es so ist: Aha, wie interessant. Alles Weitere findet sich in den nächsten Tagen.

Andere Menschen schreiben querbeet durcheinander, ohne dass sich ein inhaltlicher Schwerpunkt ausmachen lässt. Das ist völlig in Ordnung. Manchen fällt die Übung leicht, anderen schwer. Manchen macht sie Freude, anderen nicht so sehr. Es ist, wie es ist. Nach zehn Minuten bzw. fünf Seiten ist ja auch Schluss, das schaffen Sie!

Danach können Sie zufrieden sein über Ihren Einsatz für sich. Vielleicht fühlen Sie sich besser als zuvor, vielleicht nicht. So oder so kommen Sie Tag für Tag sich selbst und Ihrer ganz persönlichen Lösung näher.

TEST

WIE KREATIV BIN ICH?

Bewerten Sie auf einer Skala von 1 – 5.
1 bedeutet »trifft überhaupt nicht zu«,
5 bedeutet »trifft voll und ganz zu«.

1	Ich puzzle gern oder habe zumindest als Kind gern gepuzzelt.	**1 2 3 4 5**
2	Einen neuen Job anzufangen, macht mir mehr Freude als Angst.	**1 2 3 4 5**
3	Unter Freunden bin ich oft diejenige oder derjenige, die/der das Gesprächsthema bestimmt.	**1 2 3 4 5**
4	Im Urlaub fahre ich lieber an mir bislang unbekannte Ziele.	**1 2 3 4 5**
5	Ich nehme gern an (gesellschafts-politischen) Gesprächen teil. Ich informiere mich und diskutiere leidenschaftlich!	**1 2 3 4 5**
6	Meine Freunde/Familie und ich unternehmen oft etwas.	**1 2 3 4 5**
7	Die besten Ideen habe ich oft in der Freizeit.	**1 2 3 4 5**
8	Ich gehe gern ins Museum oder ins Theater/die Oper. Und/oder ich lese gern Romane.	**1 2 3 4 5**
9	Für jedes Problem gibt es eine Lösung, manchmal auch mehrere.	**1 2 3 4 5**
10	Phasen der Langeweile und der Überforderung wechseln sich in meinem Leben ab.	**1 2 3 4 5**

AUSWERTUNG

- Addieren Sie Ihre Punkte. Wenn Sie **über 35 Punkte** haben, sind Sie vermutlich sehr **ideenreich**. Manchmal verlieren Sie durch Ihre Originalität sogar bewährte, erfolgversprechende Lösungen aus den Augen. Es kann vorkommen, dass Sie eine Situation verlassen wollen, mit der alles in Ordnung ist, weil Ihnen langweilig geworden ist. Dieser Hunger nach Neuem ist nicht immer der beste Ratgeber.
- **Unter 20 Punkte:** Sie wissen gern, wo es langgeht. Lieber folgen Sie bekannten Vorgehensweisen, als Ihren eigenen Weg finden zu müssen. Sie können **gut Projekte überblicken und organisatorisch im Griff behalten**. Zeiten des Umbruchs und der Unsicherheit sind Ihnen unangenehm.
- **Zwischen 20 und 35 Punkten:** Ein Teil Ihres kreativen Potenzials liegt noch brach. Manchmal haben Sie tolle Ideen, wenn Sie sie nicht brauchen. Und stehen auf dem Schlauch, wenn Pfiffigkeit gefragt ist. Um diese Talente zu kultivieren, **suchen Sie sich ein kreatives Hobby, zum Beispiel Malerei, Kreuzworträtsel oder töpfern,** ganz gleich, wie gut Sie darin sind.

TAG 14 (SONNTAG)

Ohne Körper geht nichts. Unser Körper kann uns in vielerlei Hinsicht im Stich lassen. Oder jedenfalls können wir es so sehen. Wir können Schmerzen leiden, oder es ist möglich, dass Krankheiten oder Behinderungen bestimmte Bewegungen unmöglich machen.

Dennoch: Ohne den Körper, den wir haben, und die Funktionen, die er übernimmt, würden wir nicht leben, nicht denken, nicht atmen, nicht sein.

Daher ist es unumgänglich, sich mit dem Körper auseinanderzusetzen, den wir haben. Das ist vielen Menschen unangenehm. Gerade Frauen haben oft ein negatives Körperbild. Auch beim Körper neigen wir – wie bei unserem Charakter und unseren Fähigkeiten – dazu, die Schwächen zu sehen, nicht die Stärken, bei uns und bei anderen. Wie schnell werden Menschen nach ihrem Aussehen oder ihren körperlichen Fähigkeiten eingeordnet: die Dicke, die Schnecke, die Blonde, der mit den Hasenzähnen …

Bei sich selbst zu Hause sein

Vielleicht haben Sie Hasenzähne oder Sie sind dick. Oder beides. Kann sein, kann nicht sein. Das kann ein Problem für Sie sein oder nicht. Vielleicht sitzen Sie im Rollstuhl oder sind taubstumm. Wie es auch immer ist, jetzt gerade ist es so, wie es ist.

Das klingt nach Binsenweisheit, ist aber für die meisten von uns sehr schwer zu akzeptieren. Schon kleine Unannehmlichkeiten können uns völlig aus der Bahn werfen, wenn wir versuchen, uns selbst zu betrachten.

Möglicherweise sind Sie gesundheitlich oder körperlich in einer Weise eingeschränkt, die sich nicht ändern lässt. Oder es gelingt Ihnen nicht.

Sie sind jetzt gerade auf genau diese Weise in der Welt. Das ab und an zu erkennen, als Zwischenstand zu akzeptieren, kann gut tun und ist unumgänglich. Denn wer nicht bei sich zu Hause ist, wird nie irgendwo zu Hause sein können.

ÜBUNG 14

BODYSCAN GEGEN STRESS

(20 MINUTEN)

Lesen Sie zuerst die gesamte Übungsanleitung durch. Sie können zwischendurch nachschauen, wenn nötig. Aber das ist nur selten der Fall, denn die Übung ist in sich sehr logisch aufgebaut.

Wählen Sie eine Zeit, zu der Sie nicht zu müde sind (die Übung wird im Liegen durchgeführt = Einschlafgefahr). Achten Sie darauf, dass Sie möglichst 20 Minuten ungestört sein werden.

Schalten Sie den Flugmodus Ihres Handys ein. Stellen Sie einen Timer oder den Wecker Ihres Handys auf 20 Minuten. Versuchen Sie, die Übung so langsam wie vorgegeben durchzuführen. Manche Menschen mögen es, sich dafür den Wecker vier Mal auf je fünf Minuten zu stellen. Tun Sie das, wenn es Ihnen sinnvoll erscheint.

- Legen Sie sich auf den Rücken. Entweder auf Ihr Bett oder auf den Boden. Sie können eine Decke oder eine Gymnastikmatte unterlegen, wenn es Ihnen angenehm ist.
- Die Füße sind etwa hüftbreit voneinander entfernt und fallen locker nach außen. Die Arme liegen neben dem Körper, Handflächen nach oben, Hände etwa fünfzehn Zentimeter neben der Hüfte.
- Schließen Sie, wenn Ihnen das angenehm ist, die Augen. Oder schauen Sie nicht fokussiert an die Decke, wie beim Tagträumen.
- Nun beginnen Sie, in Ihren Körper hineinzuhorchen. Können Sie Ihren linken kleinen Zeh fühlen? Wenn ja, wie fühlt er sich an? Kalt oder warm, angespannt oder nicht, kribbelt er vielleicht?
- Wenn Sie den linken kleinen Zeh genau gespürt haben – oder sicher sind, dass er heute nicht gespürt werden kann – wechseln Sie mit Ihrer Aufmerksamkeit zum nächsten Zeh, dem »Ringzeh«, sozusagen. Wie fühlt der sich an? Kalt oder warm, angespannt oder nicht ...? Können Sie die Zehen einzeln wahrnehmen?

- Es folgt der mittlere Zeh, dann der »Zeigezeh«, schließlich der linke große Zeh. Wie fühlen die Zehen sich jeweils an? Können Sie es spüren?
- Wie fühlt sich Ihr linker Fuß an? Die Fußsohle? Der Spann? Die Ferse? Der Knöchel? Können Sie spüren, wie und wo Ihr Fuß auf dem Boden liegt?
- Nun wechseln Sie mit Ihrer Aufmerksamkeit zum rechten Fuß. Dort gleiches Spiel: rechter kleiner Zeh, dann Zeh für Zeh bis zum großen Zeh, Fußsohle, Spann, Ferse, Knöchel. Wie fühlt sich dieser Fuß an? Kalt oder warm, kribbelt er, ist er angespannt oder schlaff?
- Sie haben ausreichend Zeit für diese Übung und sollten Sie so langsam durchführen, dass es Ihnen ganz, ganz langsam vorkommt. Für die beiden Füße brauchen Sie etwa fünf Minuten. Wenn Sie möchten, können Sie ja mal auf die Uhr gucken … und wenn noch keine fünf Minuten um sind, fühlen Sie noch ein wenig in Ihre Füße hinein!
- Die nächsten fünf Minuten widmen wir uns Beinen und Becken. Wie fühlt sich Ihre linke Wade an? Das linke Schienbein? Der linke Oberschenkel vorn und hinten, die linke Gesäßhälfte, die linke Hüfte?
- Wie steht es um die rechte Wade? Das rechte Schienbein, den rechten Oberschenkel vorn und hinten, die rechte Gesäßhälfte, die rechte Hüfte?
- Zwei kurze Absätze, mit denen Sie nun weitere fünf Minuten verbracht haben sollten. Die nächsten fünf Minuten gehören dem Oberkörper: Unterbauch, Solar Plexus, unterer Rücken, oberer Rücken, linke Schulter, rechte Schulter, Brustbereich, linker Oberarm, linker Ellenbogen, linker Unterarm, linke Hand, linker Handrücken, linke Handfläche, Finger der linken Hand.
- Dann: rechter Oberarm, rechter Ellenbogen, rechter Unterarm, rechte Hand, rechter Handrücken, rechte Handfläche, Finger der rechten Hand.
- Und zum Schluss, die letzten fünf Minuten, widmen wir uns Hals, Nacken, Gesicht und Kopf!
- Können Sie spüren, wie sich Ihr Hals anfühlt? Von vorn, hinten im Nacken, aber vielleicht auch von innen? Spüren Sie den Ansatz oberhalb des Brustkorbs, den Übergang zum Kopf? Wie fühlt sich Ihr Hinterkopf an, der auf dem Boden aufliegt? Ihre Kopfhaut? Ihre Ohren, Ihre Schläfen, Ihr Kinn, Ihre Lippen, Ihre Nase, Ihre Augen, Ihre Augenlider, die Augenbrauen, die Stirn, der Übergang zur Kopfhaut?

DAS BRINGT'S

Der sogenannte **»Bodyscan«** ist eine Übung aus dem MBSR (Mindfulness Based Stress Reduction; Achtsamkeitsbasierte Stressreduktion). MBSR ist eines der am besten erforschten Anti-Stress-Werkzeuge. Der Molekularbiologe Jon Kabat-Zinn, der MBSR entwickelte, weiß, dass viele Teilnehmer den Bodyscan besonders schwierig finden. Sein Kommentar: »Man muss die Übung nicht mögen. Man muss sie nur machen.«

Konzentrations- und Beruhigungsübungen im MBSR sorgen dafür, dass selbst beruflich dauergestresste Personen wie Feuerwehrleute, Polizisten, Ärzte, Krankenschwestern oder Börsenhändler **ihre Krankheitssymptome** (z. B. Tinnitus, Magenschwüre, Depressionen) **vermindern oder ganz beseitigen können**. Und wer dem Stress besser standhält, fühlt sich wohler und kann bessere Ideen entwickeln.

FRAGEN & ANTWORTEN II

Ist Meditation eine Religion?

Meditation, wie wir sie heute kennen, wurde der Legende nach von Buddha erfunden. Er setzte sich angeblich unter einen Baum und blieb dort sitzen, bis er erleuchtet war. Daraus entstand die Religion des Buddhismus.

Man muss aber kein Buddhist sein, um zu meditieren. Und alle in diesem Buch vorgestellten Formen der Meditation sind ohnehin völlig religionsfrei. Wissenschaftlich untersucht werden seit Jahrzehnten sowohl meditierende Mönche als auch Menschen, die einfach so meditieren. Die gesundheitlichen Vorteile lassen sich bei beiden Gruppen nachweisen, das heißt Sie werden ruhiger und gesünder, wenn Sie meditieren, ganz gleich, ob und welcher Religion Sie angehören.

Ist Meditation so eine Art Selbsthypnose?
Welche Gefahren bestehen beim Meditieren?

Selbsthypnose ist, wenn man sich (mit bestimmten Techniken) etwas »einredet« und sich das zumindest eine Zeit lang richtig und wahrhaftig anfühlt. Manche Menschen versuchen zum Beispiel mit Hilfe von Selbsthypnose, sich das Rauchen abzugewöhnen.

Beim Meditieren redet niemand irgendwem etwas ein. Sie sitzen einfach da und beobachten zum Beispiel Ihren Atem oder Sie zählen Ihre Atemzüge oder Sie untersuchen, was der Begriff »Liebe« oder »Problem« für Sie bedeutet. Meditation ist eine Mischung aus Beruhigungstechnik und Nachdenken. Dabei kann der Schwerpunkt mal auf dem einen, mal auf dem anderen liegen. Immer geht es darum, sich auf die Dauer besser kennenzulernen und wahrzunehmen, so wie man ist.

Ist es für diese Methode hilfreich (oder hinderlich), an Gott zu glauben?

Weder, noch. Ob Sie an einen Gott Ihrer Wahl glauben oder nicht, beeinflusst die Effektivität der vorgestellten Methode nicht.

Wie helfen die Übungen in diesem Buch, Probleme zu erkennen und zu lösen?

Um ein Problem lösen zu können, muss man es zuerst einmal präzise erkennen. Nur dann kann man zu einer passenden Lösung kommen.

Je mehr Angst eine Situation uns macht, desto schwerer ist es, sie neutral zu erfassen. Wir trauen instinktiv eher unseren Gefühlen als dem Verstand. Deswegen ist es notwendig, das Nervensystem zumindest so weit zu beruhigen, dass wir die Lage korrekt einschätzen können. Dazu leisten die in diesem Buch vorgestellten Übungen medizinisch nachweislich einen wesentlichen Beitrag.

Was soll mein konkretes Problem mit »Angst« oder dem »Atem« zu tun haben?

Die Situation, die Ihnen zu schaffen macht oder in der Sie sozusagen feststecken, hat vielleicht überhaupt nichts mit »Angst« zu tun. Und sehr wahrscheinlich erst recht nicht mit dem »Atem«.

Probleme, die uns überfordern, lösen jedoch Angst bei uns aus. Oft unbemerkt. Die Konzentration auf den Atem ist eine einfache und effektive Möglichkeit, diese Angst zu lindern. Wir kommen wortwörtlich wieder zum Atmen, lernen dabei vielleicht über den Umweg der Körperwahrnehmung noch ein paar Feinheiten über unsere Seelenlage und können uns dann so offen und einfallsreich, wie es geht, der Entwicklung einer möglichen Lösung zuwenden.

Ich möchte ein ernstzunehmendes Problem lösen! Warum werden in diesem Buch immer wieder kreative oder spielerische Elemente betont?

Fachleute wie die Psychologie-Professorin Brené Brown, die Ärztin Lissa Rankin oder Bestsellerautorin Julia Cameron (»Der Weg des Künstlers«) betonen quer durch alle Fachbereiche: Ohne spielerisches Element ist keine Kreativität und keine hohe Lebensqualität möglich. Gerade wer viel ernst nimmt oder nehmen muss, braucht die Pause, die Spiel oder Freizeit bieten. Der Faktor »Spiel« ermöglicht das Verlassen eingefahrener Wege und lädt unsere Batterien wieder auf. Ohne »Spiel« kommen wir nicht auf neue Ideen und können die Nützlichkeit unserer alten Ideen nicht korrekt einschätzen. Stress und Erschöpfung gelten zwar für viele Menschen als Statussymbole. In Wahrheit machen sie uns aber auf neurologischer Ebene (also unsere Gehirnleistung betreffend) einfach nur »dumm«. Stress und Erschöpfung schalten das Überlebensnotprogramm ein. Spiel und Kreativität schalten es wieder aus.

Das ist nicht nur in der jeweiligen Situation angenehmer. Es erzeugt zugleich im Hirn ein entsprechendes Neuronen-Muster. Unsere Gedanken (und auch emotionale Wahrnehmungen sind in diesem Sinne Gedanken) nehmen, wann immer möglich, Abkürzungen und Trampelpfade. Das heißt, wer tendenziell misstrauisch durchs Leben geht, wird jede weitere Situation auch zuerst einmal auf diese Weise betrachten.

In Hirnscans lassen sich – je nach Verhalten – bestimmte »Muster« nachweisen. Manche Bereiche sind vor allem bei Menschen aktiv, die die Welt eher negativ sehen oder die bestimmte soziale Probleme haben. Andere Areale im Gehirn schalten sich bei positiven Gefühlen ein.

So kommt es zum Beispiel, dass man Juristen eher Misstrauen unterstellt und Nonnen eher Güte – die einen üben lebenslang hauptberuflich Misstrauen, die anderen Güte. Entsprechend reagiert das Gehirn, solange es unbeaufsichtigt auf Autopilot läuft.

Entscheidend ist: Jeder gesunde Mensch verfügt über alle diese Möglichkeiten. Wir können umlernen. Unbewusst, zum Beispiel nach einer tiefen Enttäuschung, die uns argwöhnisch werden lässt. Oder bewusst, indem wir Zuneigung und Zuversicht (zumindest in uns selbst und zu uns selbst) kultivieren. Das ist nicht leicht, aber möglich, und zwar in jedem Alter und jeder Lebenslage.

TAG 15 (MONTAG)

Die Vergangenheit begleitet uns, indem sie unser Leben prägt. Unser gesamtes Weltverständnis ist eine Folge unserer ganz speziellen Vergangenheit. Manche Lektionen lernen wir besonders schlecht. Von anderen wenden wir uns bewusst ab. Diese Möglichkeit besteht sogar bei Verhaltens- oder Sichtweisen, die uns in Fleisch und Blut übergegangen sind.

Die Vergangenheit ist sozusagen unser ganz persönlicher Schatz, aber auch unsere ganz persönliche Last. Wie viel Vergangenheit wir in jeden neuen Tag tragen wollen, müssen wir abwägen. Man muss nicht dieselben Fehler immer wieder machen. Aber wer immer schon vorher weiß, wie alles ausgeht, versinkt in Pessimismus und schneidet sich vom Erleben ab.

Niemand will etwas falsch machen. Und besonders, wenn wir mit Problemen oder unangenehmen Situationen konfrontiert sind, neigen wir dazu, die »richtige« Entscheidung treffen zu wollen. Das ist lobenswert, aber es lähmt auch.

Vor allem: Es ist überhaupt gar nicht möglich, eine »richtige« Entscheidung zu treffen. Den Beweis dafür lieferte hundert Jahre vor oder nach (so genau weiß man es nicht) Chr. der griechische Philosoph Agrippa. »Agrippas Trilemma« (ein »Trilemma« ist ein Problem mit drei gleichermaßen unbefriedigenden Lösungsmöglichkeiten) besagt: Wenn man ein gutes Argument für eine Überzeugung finden möchte, hat man dafür drei Möglichkeiten:

A **Man begründet das Argument, man begründet die Begründungen, man begründet die Begründungen der Begründungen … und immer so weiter, unendlich oft. Weil wir alle sterblich sind, haben wir dazu keine Zeit.**

B **Man begründet die Begründungen für das Argument oder die Begründungen für die Begründungen, früher oder später mit sich selbst. Das ist ein Zirkelschluss, der keine Beweiskraft hat. Im Alltag hört sich das dann so an: »Weil das eben so ist!«**

C **Man lässt die ganze Begründerei einfach sein (Agrippa nennt das »Abbruch des Verfahrens«). Dann kann man aber eben auch keine besseren oder schlechteren Möglichkeiten unterscheiden, weil man es ja aufgegeben hat, irgendetwas zu begründen.**

Im Alltag gehen wir meist davon aus, dass irgendwo ganz zu Beginn unserer Argumentationskette Annahmen stünden, die uns glaubwürdig oder vernünftig erscheinen und auf deren Basis wir dann unsere Überlegungen anstellen können. Also zum Beispiel: Wenn ich einen Stern sehe, ist da auch ein Stern (heute wissen wir, dass der Stern auch schon vor tausenden von Jahren erloschen sein kann und wir nur noch sein Licht sehen). Oder: Wenn die Erde eine Scheibe ist, fällt man am Rand herunter (mag sein, aber inzwischen ist klar: die Erde ist gar keine Scheibe).

Interessante Überlegung: Man kann also nichts wirklich zu Ende begründen. Was nützt uns das? Wir müssen uns schlicht und einfach damit abfinden, dass wir keine absolut richtigen Entscheidungen treffen können. Damit leben wir normalerweise auch ganz gut. Oder haben Sie, als Sie dieses Buch aufschlugen, wirklich allumfassend darüber nachgedacht, ob das eine »richtige« Entscheidung war?

Jeden Tag treffen wir zahllose Alltagsentscheidungen auf der Basis der Annahme, dass unsere Weltsicht im Großen und Ganzen stimmt oder uns wenigstens ein stimmiges Weltbild vermittelt, innerhalb dessen wir entscheiden können. Nur wenn wir feststecken, dann wollen wir plötzlich die beste aller möglichen Entscheidungen treffen. Und genau in diesen Situationen ist es besonders schwer, auszuhalten, dass das nicht geht.

ÜBUNG 15

BERG-MEDITATION FÜR RUHE UND GELASSENHEIT (10 MINUTEN)

Lesen Sie zuerst die gesamte Übungsanleitung durch. Sie können später zwischendurch nachschauen, wenn nötig.
Wählen Sie einen Zeitpunkt und einen Ort, an dem Sie voraussichtlich ungestört sind.

Setzen Sie sich bequem und mit aufrechtem Rücken auf einen Stuhl, eine Bank, ein Kissen auf dem Boden. Stellen Sie Ihr Handy auf Flugmodus und den Timer auf 10 Minuten. Schließen Sie die Augen, wenn Ihnen das angenehm ist.

- Holen Sie nun einmal tief Luft und lassen Sie den Atem langsam ausströmen. Noch einmal: tief Luft holen – langsam ausatmen. Folgen Sie danach für drei bis vier Atemzüge mit Ihrer Aufmerksamkeit dem Atem.
- Nun stellen Sie sich einen Berg vor. Es muss kein Berg sein, den Sie kennen. Er darf schön sein, einladend, ablehnend, schroff. Hauptsache: Berg!
- Betrachten Sie diesen Berg eine Minute lang genauer. Ist er hoch und spitz oder hat er einen breiten, lang gezogenen Rücken? Sind seine Hänge scharfkantige Felsen oder sanfte Hügel? Ist Ihr Berg Teil einer Bergkette oder steht er für sich allein?
- Der Gipfel Ihres Berges ragt in den Himmel hinein. Ist es sonnig warm oder zieht ein Unwetter auf? Atmen Sie ruhig und stetig weiter. Beobachten Sie einfach, was in Ihrer Vorstellung geschieht. Peitscht Regen auf die Berghänge? Oder grasen dort Kühe in der Sonne? Oder eines nach dem anderen?
- Stellen Sie sich dann vor, wie Sie sich in diesen Berg verwandeln. Sie verschmelzen gleichsam mit ihm. Ihr Körper wird schwer und ruhig. Mit der Zeit fühlt sich Ihr Atem vielleicht an wie der »Atem eines Berges«, tief und gleichmäßig.
- Der Berg erlebt den Wechsel der Tageszeiten: Morgensonne, Mittagshitze, Sonnenuntergang, Nachtkälte.

- Ebenso vergehen die Monate: Der Frühling kommt und die Blumen beginnen zu blühen. Im Sommer wird vielleicht das Heu geerntet oder Touristen klettern über die Hänge. Im Herbst wird das Vieh zu Tal getrieben. Die Wintermonate bringen Eis und Schnee mit sich.
- Der Berg selbst verändert sich dadurch nicht. Er ist fest verbunden mit der Erde. Er ist ein Berg, steht ungerührt an seinem Platz.
- Versuchen Sie, ein wenig von diesem Gefühl des »Berg-Seins« in sich aufkommen zu lassen.
- Schließlich, wenn der Wecker piepst, atmen Sie ein letztes Mal tief ein und aus. Recken und strecken Sie sich, wenn Ihnen danach ist. Öffnen Sie langsam und vorsichtig die Augen und kehren Sie in Ihr Menschen-Leben zurück.

DAS BRINGT'S

Berge vermitteln ein Bild von Stärke und von Geerdet-Sein. Sie haben eine breite, feste Basis und lassen sich von nichts aus dem Gleichgewicht bringen. **Aus dieser Meditation kann man die Ruhe und Gelassenheit eines Berges mit in den Alltag nehmen. Zugleich verrät der Berg, den unsere Fantasie entwirft, vielleicht ein wenig über uns selbst.** Ist er Teil einer »Berg-Gemeinschaft«, sind seine Hänge steil und fast uneinnehmbar, tummeln sich Tiere im Biotop, ragt der Gipfel hoch in luftarme Schichten auf? Nicht alles muss ein Symbol sein, aber manche Elemente erzeugen eine interessante Resonanz, wenn wir sie genauer betrachten.

Der Berg selbst steht dabei für unsere wachsende Fähigkeit, Unsicherheit auszuhalten und zu überdauern. Und eben auch damit zu leben, dass wir letztlich nie die »richtige« Entscheidung treffen können, sondern im besten Fall eine bestmögliche. Und dass wir selbst das oft nicht wissen.

Die Kunst besteht darin, trotz dieser Unsicherheit handlungsfähig zu bleiben oder wieder zu werden.

TAG 16 (DIENSTAG)

»Wo man reinfahren kann, kann man auch wieder rausfahren«, hat mein Fahrlehrer immer gesagt. Das ist eine gute Regel, um Fahrschülern die Angst zu nehmen. Und bisher hat sie sich auch bewahrheitet.

Nun ist unsere Persönlichkeit kein Auto und das Leben keine Parklücke. Aber trotzdem ist viel dran: Aus den allermeisten Situationen, in die man sich irgendwie hineinmanövriert hat, kommt man auch wieder raus. Es ist befreiend, sich das bewusst zu machen. Auf alle Fälle sollte man die folgenden Fragen getrennt und unabhängig voneinander betrachten. Wenn Sie möchten, können Sie verschiedene Antworten und Antwortmöglichkeiten auch aufschreiben:

- **Gibt es einen Ausweg aus meiner festgefahrenen Lage? (Ja? Nein?)**
- **Welchen Ausweg aus meiner festgefahrenen Lage könnte es geben? (Jede Menge Möglichkeiten, von denen einem oft keine einzige einfällt.)**

Ein Rückschluss ist allerdings nicht zulässig. Wir können nicht davon ausgehen, dass wir mit den Mitteln, die uns eine Situation eingebrockt haben, auch wieder aus dem Schlamassel herauskommen. Um im Bild zu bleiben: Im Auto muss man ja auch den Rückwärtsgang einlegen, um aus einer Lücke, Einfahrt, Sackgasse herauszufinden. Und rückwärtsfahren geht ganz anders als vorwärtsfahren.

An Herausforderungen wachsen

»What got you here will not get you there«, sagt man im Englischen. Das bedeutet in etwa: Womit du es hierher geschafft hast, bringt dich nicht weiter. Ein ähnliches Prinzip lässt sich bei Beförderungen beobachten. Fähigkeiten und Eigenschaften wie Wissen, Fleiß oder Pünktlichkeit sind für bestimmte Aufgaben Voraussetzung. Doch irgendwann kommt man damit nicht mehr höher. Für die nächste Managementstufe sind vielleicht eher Ideenreichtum oder Verkaufstalent gefragt. Und noch höher möglicherweise soziale Fähigkeiten oder das Talent, große Gruppen zu motivieren.

Häufig kommen wir im Leben nicht weiter, weil wir unser nächstes Ziel nicht mehr mit den Mitteln erreichen können, die uns bisher nützlich waren. Aber wir bemerken es nicht. Zum Beispiel werden völlig andere Verhaltensweisen benötigt, um eine Beziehung zu beginnen und um sie jahrelang zu führen. Und wer eine Hundehütte zimmern kann, freut sich noch lange nicht über ausgedehnte Spaziergänge morgens, mittags und abends. Deshalb müssen wir von hinten nach vorne denken. Was wollen wir erreichen? Wo wollen wir hin?

Erst das Ziel, dann der Weg

Mit diesem Wissen im Hinterkopf achten wir dann darauf, was für ungewöhnliche, neue und überraschende Lösungsmöglichkeiten uns einfallen oder über den Weg laufen. Denn kaum beginnt man, sich für etwas zu interessieren, begegnet es einem andauernd. Wie viele zum Beispiel Frauen mit Kinderwagen sind Ihnen heute Morgen begegnet? Achten Sie morgen einmal auf demselben Weg darauf.

Damit das gelingt, haben wir mit den Übungen der vergangenen Tage unsere Kreativität angeregt und das Nervenkostüm gestärkt.

ÜBUNG 16

AUFMERKSAMKEIT FÜR DEN AUGENBLICK

(3 X 1 MINUTE)

Stellen Sie auf Ihrem Handy für den Rest des Tages (oder sonst für morgen) drei Wecker, egal für welche Zeit. Wenn es piepst, bemühen Sie sich um Achtsamkeit für den Augenblick. Holen Sie einmal tief Luft. Sehen Sie sich um.

- Nehmen Sie bewusst wahr, wo Sie sind. Wie es sich anfühlt. Ist Ihnen kalt oder warm? Sind Sie angespannt oder locker? Geht Ihr Puls schnell oder langsam, Ihr Atem tief oder flach? Versuchen Sie, in Ihrer unmittelbaren Umgebung etwas Neues zu entdecken – oder etwas, das Ihnen bekannt ist, neu (»wie zum ersten Mal«) wahrzunehmen.
- Sie müssen nichts ändern, nichts unternehmen, die Situation weder gut noch schlecht finden. Einfach nur wahrnehmen, wie es ist. Drei Mal.

DAS BRINGT'S

Diese Übung schult unsere **Aufmerksamkeit für den Augenblick**. **Achtsamkeit trägt dazu bei, dass wir ruhiger bleiben können, wenn uns eine Situation stresst oder verunsichert.** Es fällt uns auf die Dauer leichter, unsere leise »innere Stimme« zu hören. Und wir üben eine neutrale Offenheit für unerwartete Wahrnehmungen und Erkenntnisse.

Denn erst so entstehen Ideen und auch unerwartete Lösungswege.

CHECK LISTE

TIPPS GEGEN UNORDNUNG

Manche Genies stört Unordnung nicht im Geringsten. Uns anderen tut es oft ganz gut, äußerlich ein wenig Ordnung zu schaffen. Dann müssen wir nicht nach allem suchen. Faustregel: Je weniger Unordnung, desto weniger Ablenkung. Umso besser können wir uns auf uns selbst konzentrieren.

Ordnung wiederherstellen

1. Kleidungsstücke, die Sie im letzten Jahr nicht getragen haben, aussortieren.
2. Zeitschriften, Pizzadienst-Speisekarten und Werbepost, die älter als einen Monat sind, unbesehen ins Altpapier geben.
3. Böden frei räumen und staubsaugen. Sorgt für Zufriedenheit, da es einen großen Effekt mit wenig Aufwand hat.
4. Halbe Stunde Zeit? Reicht nicht für ein großes Projekt? Einfach irgendwo anfangen und im Uhrzeigersinn weitermachen! Nächstes Mal wieder!
5. Schatzkiste einrichten: Statt immer wieder lange über Einzelentscheidungen zu brüten, alles mit sentimentalem Wert in einer Schatzkiste zwischenlagern und erstmal mit den weniger emotionalen Dingen weitermachen.

Ordnung halten

6. Einmal die Woche 30 Minuten aufräumen. Klingt nach wenig, reicht auch selten, ist aber machbar und tausend Mal besser als vor einer größeren Aufgabe zu kapitulieren.
7. Nach dem Essen, spätestens am Abend, die Küche aufräumen.
8. Dinge brauchen Platz. Wenn Sie zum Beispiel regelmäßig Coupons und Gutscheine aufbewahren – oder Postkarten von Freunden – dann schaffen

Sie Platz dafür! Ein kleiner Ständer oder eine Mappe reichen meist. Gerade nicht ernst genommene Kleinstgegenstände wie Schlüssel, USB-Sticks oder Zettelchen sorgen für Unordnung.

9. Der Fußboden ist kein Regal! Neue Regel einhalten: Fußboden nicht als Ablagefläche nutzen. Sieht besser aus und führt automatisch zu mehr Ordnung.
10. Aufgaben sichtbar machen. Auf dem Schreibtisch als Stapel, die nach Projekten oder Themen geordnet sind. In der Küche zum Beispiel, indem Sie alle Zutaten und Geräte für ein Gericht vorab bereitstellen (der Profi nennt das »mis en place«, französisch für »an den richtigen Ort gestellt«). Hilfreich können auch ein Ausgangskorb (für Job-Unterlagen und Post) oder eine zentrale To-Do-Liste sein.

TAG 17 (MITTWOCH)

Manchmal fällt es schwer, sich selbst zu mögen. Zum Beispiel, wenn man müde war und den Partner oder die Partnerin angeherrscht hat. Oder man hat sich viel Mühe gegeben, aber eine wichtige Präsentation oder Aufgabe in den Sand gesetzt. Das ist normal, jeder hat solche Tage. Misstrauisch sollte man eher bei Menschen werden, die sich nie blöd finden.

Unangenehm wird es aber, wenn unser Selbstbild dauerhaft negativ bleibt. Das lässt sich, meinen Psychologen, häufig durch eine mangelnde sogenannte »Objektkonstanz« erklären. Vereinfacht gesagt: Kinder lieben ihre Mutter. Sie können die Mutter auch mal doof finden (z. B., wenn es an der Kasse keinen Lolli gibt oder schon wieder viel zu früh Bettzeit ist). Im Hintergrund aber wissen sie: Ich kann mich auf die Liebe zu meiner Mutter – und die Liebe meiner Mutter zu mir – verlassen. Morgen, oder wenn wir aus dem Supermarkt raus sind, ist wieder alles in Ordnung. Das nennt man »Objektkonstanz«: Das »Objekt« Mutter wird »konstant« (dauerhaft) auf eine bestimmte Weise wahrgenommen, auch wenn dies momentan mal nicht der Fall ist.

Natürlich besteht eine ähnliche Beziehung auch zum Vater, zu Geschwistern, Lehrern usw., in unterschiedlicher Intensität. Allerdings gelingt das Erlernen von Objektkonstanz nicht allen. Die Gründe dafür lassen sich nicht immer herausfinden.

Mit sich allein und mit sich im Reinen

Menschen, denen Objektkonstanz nicht leicht fällt, haben es dann auch schwerer, eine konstante Sicht auf sich selbst aufrechtzuerhalten. Ihnen kippt sozusagen das (positive) Selbstbild schneller weg als anderen, und es lässt sich nicht so leicht wiederherstellen. Das ist auf die Dauer ein Problem.

Daran kann man mit Hilfe von Meditationstechniken arbeiten. Denn in der Meditation sitzt man ruhig da und ist mit sich selbst allein. Und man merkt dabei: Das ist gar nicht so schlimm. Manchmal ist es vielleicht blöd, an anderen Tagen richtig toll, aber auf die Dauer ist es jedenfalls in Ordnung. Wenn man schon so dasitzt, kann man sich auch in aller Ruhe mal mit der eigenen Persönlichkeit beschäftigen. Nicht nur mit den Nachteilen, auch mit den Vorteilen. (Aber natürlich auch nicht nur mit den Vorteilen.)

Schließlich ist Meditation ursprünglich auf Erkenntnis ausgerichtet. Als erleuchtet gilt, wer die Welt so sieht, wie sie wirklich ist. Dazu gehört auch, sich selbst möglichst neutral zu sehen. Sich also weder für unangemessen toll noch für unbegründet blöd zu halten.

Vielleicht manchmal, mit gutem Grund, einen Abend lang, aber eben in dem Wissen, dass es morgen wieder besser ist.

ÜBUNG 17
WERTE ERKENNEN – AUCH DIE WENIGER ANGENEHMEN
(15 MINUTEN)

Wählen Sie einen Zeitpunkt, zu dem Sie eine Viertelstunde möglichst ungestört sind, auch vom Telefon. Schalten Sie Ihr Handy aus oder auf Flugmodus. Sie können sich gern einen Timer stellen, es ist aber nicht unbedingt nötig.

Legen Sie sich einen Stift und einen Block oder ein Blatt Papier bereit.

- Setzen Sie sich zuerst bequem und mit aufrechtem Rücken hin. Holen Sie tief Luft und lassen Sie den Atem langsam wieder ausströmen. Noch einmal, dann ein drittes Mal.
- Schließen Sie nun für einen Moment die Augen, wenn Ihnen dies angenehm ist. Konzentrieren Sie sich für fünf bis zehn Atemzüge auf Ihren Atem, so gut Ihnen das möglich ist. Es geht nicht darum, den Atem zu verändern. Beobachten Sie einfach, wie Sie atmen … tief oder flach, schnell oder langsam … wo können Sie den Luftzug des Atems am deutlichsten spüren? Dann öffnen Sie mit einem Lächeln Ihre Augen, wenn Sie sie geschlossen hatten.
- Nun greifen Sie zu Stift und Papier. Notieren Sie drei Werte, die Sie im Alltag leben … die Sie aber nicht besonders gut finden. Das bedeutet, Sie beschäftigen sich ehrlich mit der Frage: Wie bin ich, wenn ich nicht so bin, wie ich sein möchte? Die meisten Menschen zucken bei dieser Vorstellung zusammen. Und stellen dann fest: So schlimm ist es ja doch nicht.
- Im Regelfall sind es Verhaltensweisen wie Gedankenlosigkeit, Rechthaberei, Zaghaftigkeit oder Gier nach Erfolg, die uns stören. Oft auch zu Recht. Es ist aber nichts »Schlimmes«.

DAS BRINGT'S

Diese Übung ist sozusagen die Umkehrung von Übung 11, bei der Sie drei positive Werte notiert haben, die Sie schätzen und im Alltag auch umsetzen.

Sich einzugestehen, in welcher Hinsicht man hinter den eigenen Vorstellungen zurückbleibt, ist unbequem und unangenehm. Aber genau wie unsere guten Seiten sind auch die »schlechten« Seiten ein Teil unseres aktuellen Selbst. Erst wenn der »Stand der Dinge« bekannt ist, kann man sich damit auseinandersetzen. **Am wichtigsten ist die Erkenntnis: Ich bin vielleicht an manchen Tagen ein Idiot. Aber an den allermeisten Tagen nicht. Damit lässt sich doch arbeiten.**

Wenn Sie Lust haben, können Sie gleich damit loslegen. Notieren Sie neben den drei Werten oder Eigenschaften, die Sie nicht so gut finden, drei Werte oder Eigenschaften, von denen Sie sich wünschen, dass andere sie Ihnen zuordnen.

TAG 18 (DONNERSTAG)

Schlimmer geht immer, heißt es so schön. Meistens ist das sogar wahr. Doch wir empfinden diese Tatsache nicht als tröstend. Ja, in Äthiopien hungern die Kinder – aber wenn mir das Handy runterfällt, nützt mir das auch nichts. *Mir* schmeckt die Suppe nicht, *mein* Handy ist kaputt, *ich* finde keinen neuen Partner oder Job (oder beides).

Krise als Chance – schlimmer geht immer – don't worry, be happy … das sind alles Varianten der sogenannten »positiven Psychologie«, von der ich nicht viel halte. Es stimmt schon, die meisten Dinge, die wir als schrecklich, furchtbar oder unerträglich empfinden, gehören in die Unterkategorie »Jammern auf hohem Niveau«. Verglichen mit dem Kampf ums Überleben sind unsere Probleme Katzendreck. Also: Stell dich nicht so an!

Diese Folgerung und Forderung bringt zwei Probleme mit sich:

A **Sie löst mein subjektives Problem nicht, sondern ignoriert es.**

B **Sie erreicht ihr Ziel über den Umweg von Scham und schlechtem Gewissen (»Wie kannst du dich darüber beklagen, dass dein Chef dich anschnauzt? Andere Leute wären froh über deinen Job!«).**

Es ist richtig und oft notwendig und angemessen, sich klarzumachen: Wie wichtig bzw. vor allem dramatisch ist mein Problem eigentlich tatsächlich? Nicht alles sollte man so heiß essen, wie man es kocht.

Für mindestens genauso wichtig und richtig halte ich aber auch die Anerkennung der eigenen Sichtweise. Sich selbst und das eigene Seelenleben ernst zu nehmen, ist ein Akt der Selbstfürsorge.

Positive Psychologie, wie sie von US-Psychologe Martin Seligman verstanden wird, der sie in den neunziger Jahren aus einem wissenschaftlichen Dornröschenschlaf weckte, zielt auch gar nicht darauf ab, negative Aspekte auszublenden oder stattdessen als positiv zu betrachten. Fachlich geht es darum, nicht nur die negativen Seiten von Persönlichkeit und Verhalten zu erforschen, sondern auch die positiven. Und vielleicht sogar herauszufinden: Was macht uns glücklich, was macht uns stark, was macht uns menschlich? Das war bahnbrechend, denn inzwischen hat man herausgefunden: Unser Immunsystem wird nicht nur geschwächt durch ständiges Schwarzsehen. Es wird auch gestärkt durch konstanten Optimismus. Und der stärkende Effekt positiver Emotionen ist größer als der schwächende Effekt negativer Emotionen.

Schwarzsehen macht krank, Optimismus gesund

Konkret heißt das: Unsere Krankheitsabwehr funktioniert am schlechtesten, wenn wir pessimistisch eingestellt sind. Sie funktioniert einigermaßen, wenn wir die Welt neutral sehen. Und sie funktioniert am besten, wenn wir der Überzeugung sind, es wird schon alles irgendwie gut gehen.

Wissenschaftler gehen davon aus, dass unser Seelenleben auf diese Weise nicht nur unseren gesundheitlichen Zustand beeinflusst, sondern auch unsere »kognitiven Fähigkeiten«. Das heißt: Sehr wahrscheinlich können Menschen, die eher positiv als negativ eingestellt sind, besser mit anderen interagieren, schneller lernen, originellere Ideen entwickeln und werden insgesamt erfolgreicher durchs Leben kommen. Verglichen hierbei, wohlgemerkt, nicht mit den Nachbarn oder Kindern in Äthiopien, sondern verglichen mit sich selbst, wenn sie die Welt anders sähen!

Wie man es hinbekommt, eher positiv in die Welt zu schauen, ohne dabei zum Rosarot-Idioten zu mutieren, wird uns heute und in den kommenden Tagen beschäftigen.

ÜBUNG 18

SICH SELBST GUTES WÜNSCHEN

(10 MINUTEN)

Wählen Sie einen Zeitpunkt, zu dem Sie möglichst ungestört sind, auch vom Telefon. Schalten Sie Ihr Handy aus oder auf Flugmodus. Lesen Sie die Anleitung zuerst vollständig durch, um sich einen Überblick zu verschaffen.

Sie können während der Übung jederzeit nachlesen. Aber je weniger Sie nachlesen, desto angenehmer ist der Fluss der Übung.

- Legen Sie die Liste von gestern bereit, auf der Sie drei Werte notiert haben, die Sie im Alltag zum Ausdruck bringen, die aber nicht recht zu Ihren Überzeugungen passen. Stellen Sie den Timer Ihres Handys auf zehn Minuten. Setzen Sie sich bequem und mit aufrechtem Rücken hin. Schließen Sie die Augen und holen Sie tief Luft. Lassen Sie den Atem langsam ausströmen. Nehmen Sie noch einige tiefe Atemzüge.
- Dann wiederholen Sie still im Geiste die folgenden vier Sätze der »Liebende Güte«- oder Metta-Meditation. Versuchen Sie, dies so gutwillig sich selbst gegenüber zu tun, wie es Ihnen möglich ist.

  → **Möge ich gesund sein und frei von Leiden.**

  → **Möge ich frei sein von Hass, Gier und Verblendung.**

  → **Möge ich erfüllt sein mit Ruhe, Gelassenheit und Frieden.**

  → **Möge ich glücklich sein!**
- Nehmen Sie nun die Liste von gestern zur Hand. Wählen Sie einen der Werte aus, mit denen Sie nicht ganz glücklich sind. Vielleicht agieren Sie im Alltag viel vorsichtiger, als Ihnen lieb ist. Oder Sie sind strenger mit sich und anderen, als Sie in ruhigen Momenten für richtig halten.

- Sprechen Sie nun die Sätze von oben noch zwei Mal still nach. Beziehen Sie sie dabei auf einen der Werte, den Sie verändern möchten. Sie wünschen sich selbst Gutes, schenken sich Liebe und motivieren sich so, um Ihre Verhaltensweise ändern zu können.
- Fühlen Sie in sich hinein oder überlegen Sie: Wie könnten Sie dieses liebevolle Wohlwollen sich selbst gegenüber in dieser Hinsicht zum Ausdruck bringen? Versuchen Sie, diese Überlegung in Ihrer Aufmerksamkeit zu behalten, bis der Wecker klingelt.
- Beenden Sie die Übung mit einem Lächeln und einem tiefen Atemzug.

DAS BRINGT'S

Sich selbst Gutes zu wünschen, ist ungewohnt, aber konkret nützlich. Gerade, wenn wir uns mit Eigenschaften oder Verhaltensweisen beschäftigen, die wir an uns selbst nicht besonders mögen. Je freundlicher Sie mit sich umgehen, desto motivierender sind Ihre eigenen Wünsche und Vorsätze.

Meist findet sich in kürzester Zeit eine Gelegenheit, das visualisierte »neue Ich« zu zeigen. **Achten Sie darauf, wie sich das für Sie anfühlt! Anstrengend, fremd, großartig?**

TAG 19 (FREITAG)

Sollen Sie die tollen – teuren – Schuhe kaufen oder nicht? Wenn Sie noch andere Schuhe haben, ist keine der Entscheidungen besser als die andere. Vielleicht treffen Sie in den neuen Schuhen Ihren Traumpartner und er oder sie verliebt sich unsterblich in Sie. Oder Sie gehen von dem gesparten Geld in die Oper, was Sie sonst nie tun, und treffen dort Ihren Traumpartner. Wer weiß.

»Reframing« heißt eine Technik, die angewandt wird, um die Dinge anders zu sehen als bisher. Ein »Frame« ist der »Rahmen«, in dem wir eine Situation bewerten. So kann zum Beispiel ein bestimmtes politisches Wahlergebnis gut für alle Männer des Landes sein – aber schlecht für die Frauen. Als Mann haben Sie dann die Wahl: Sie können jubeln (weil das Ergebnis gut für Sie ist) oder trauern (weil das Ergebnis ungünstig für mehr als die Hälfte des Volkes ist, zu dem Sie gehören).

»Krise als Chance« ist eine häufige Formel des »Reframing«. Es geht also darum, in einer unangenehmen oder schwierigen Situation das Gute zu entdecken. Besser jetzt als später, besser später als nie.

Das kann bis zu der Überlegung gehen, dankbar zu sein für alle negativen Dinge, die einem zugestoßen sind … denn ohne die wäre man jetzt nicht da, wo man gerade ist.

Unsicherheit fördert Offenheit

Das Grundkonzept des »Reframings« betont, dass man fast alles auch anders sehen kann. Welche wenigen Dinge man nur auf eine Weise und nicht auch anders sehen kann, darüber diskutieren die Philosophen seit Jahrhunderten.

Im Alltag wichtiger ist die Option, sich zu entscheiden: Ich sehe die Sache jetzt mal positiv. Oder, um es mit einem Hit der Achtziger zu sagen: »Jetzt wird wieder in die Hände gespuckt!«

Eine der wichtigsten Fragen in Katie Byrons Bestseller »The Work« lautet: »Kann ich sicher sein?« Kann ich sicher sein, dass die Lage so ist, wie ich sie sehe? (Schon das ist oft nicht der Fall.) Und kann ich sicher sein, dass meine Bewertung der Lage stimmt? (Das ist noch seltener so.)

Davon ausgehend lassen sich Alternativen ermitteln. Wie könnte es noch sein? Was für Möglichkeiten lassen sich finden? Hierfür bietet sich das Mittel des »Brainstormings« an, allein oder mit einer guten Freundin bzw. einem guten Freund. Einfach alles runterrattern, was sein könnte oder auch nicht, was gehen könnte oder auch nicht, und erst hinterher sortieren!

ÜBUNG 19

R.A.I.N.-MEDITATION

(15 MINUTEN)

Die R.A.I.N.-Meditationstechnik wird in der Therapie eingesetzt, wenn eine Situation vom Klienten als besonders verfahren oder vollkommen ausweglos empfunden wird.

R.A.I.N. steht für

- R: »Recognize« – **erkennen**, was geschieht
- A: »Allow« – **zulassen**, dass das Leben so ist, wie es gerade ist
- I: »Investigate« – die innere Erfahrung liebevoll **untersuchen**
- N: »Non-Identification« – Sich **nicht identifizieren** mit dem, was geschieht.

Das klingt anspruchsvoll, ist aber – Schritt für Schritt durchgeführt – nicht schwer.

Wählen Sie einen ruhigen Moment und schalten Sie Ihr Handy in den Flugmodus. Stellen Sie einen Timer auf 15 Minuten, wenn Sie möchten. Es ist aber nicht notwendig. Sie können die Übung auch einfach beenden, wenn es sich für Sie richtig anfühlt. Lesen Sie die gesamte Anleitung vor Beginn der Übung durch. Sie können natürlich jederzeit – vor allem an den Übergängen von einem Schritt zum nächsten – nachlesen!

- Setzen Sie sich bequem und mit aufrechtem Rücken hin. Nehmen Sie einen oder mehrere tiefe Atemzüge, lassen Sie die Luft langsam ausströmen. Schließen Sie die Augen, wenn Sie möchten.
- Vergegenwärtigen Sie sich eine Situation, die Sie derzeit als problematisch empfinden. Vielleicht denken Sie dabei zurück an die gelebten Werte, die nicht zu Ihrer Persönlichkeit passen. Oder Sie widmen sich dem aktuellen Problem, das Sie veranlasst hat, dieses Buch zu lesen.

- (Achtung: Wenn die Übung Ihnen unangenehm intensiv erscheint, brechen Sie sie ab. Vertrauen Sie in dieser Hinsicht auf Ihr Gefühl. Sie darf sich durchaus unangenehm anfühlen, aber nicht unerträglich. Das passiert nur selten, aber wenn, dann entscheiden Sie bitte einfach selbstfürsorglich, was gut für Sie ist!)
- Betrachten Sie die Situation oder das Problem geduldig und liebevoll von allen Seiten. Zu einigen Aspekten werden Sie leicht Zugang finden. Andere scheinen sich zu verschließen. Achten Sie darauf, ob Ihre Vorstellung von körperlichen Wahrnehmungen wie Enge, Verspannungen, Schmerz oder Atemnot begleitet wird. Nehmen Sie diese zur Kenntnis, wenn sie auftreten. **Das ist der erste Teil: erkennen.**
- Nun folgt der **zweite Schritt, das Zulassen**. Es klingt so einfach, fällt uns aber oft schwer: Auch nur einen Moment lang keinen inneren Widerstand leisten gegen das, was Sie stört oder Ihnen Sorge macht. Sie müssen keine Pläne schmieden, keine Position beziehen, nicht handeln. Trotzdem ist es nicht einfach, weil viele von uns die Akzeptanz der gegenwärtigen Situation mit »achselzuckend aufgeben« gleichsetzen. Versuchen Sie, sich einem wertfreien **»Zulassen«** anzunähern.
- Im **dritten Teil** der Übung **untersuchen** wir die Beobachtung liebevoll. Was macht Ihnen wirklich Sorgen? Wofür wünschen Sie sich Aufmerksamkeit? Wie reagiert Ihr Körper? Welche Überzeugungen sind im Spiel? Je offener und neugieriger Sie sein können, desto besser!
- Oft stehen wir an dieser Stelle erst mal ratlos da und kommen nicht weiter. Warten Sie ab. Bleiben Sie interessiert. Mal sehen, was passiert.
- Schließlich haben Sie die Angelegenheit von allen Seiten gründlich betrachtet. **Nun lassen Sie sie ziehen.** Sie bleiben einfach noch einen Moment ruhig sitzen und denken an nichts. Nicht voraus, nicht zurück. Sie sitzen bloß da, so gut Sie können.
- Dann öffnen Sie die Augen. Häufig führt die Übung zu einem Gefühl der Erleichterung, weil wir nicht mehr so verklammert in unser Problem sind. Wenn das so ist, schön. Wenn nicht, auch okay. Lächeln Sie und nehmen Sie einen tiefen Atemzug.

DAS BRINGT'S

Die **R.A.I.N.-Meditation** bringt einen nicht unbedingt direkt auf neue Lösungsmöglichkeiten, obwohl auch das manchmal der Fall ist. Aber sie **erleichtert uns den Umgang mit schwierigen Situationen**. **Weil sie uns von dem Zwang befreit, jederzeit und zu allem eine Position haben zu müssen, eine Meinung.**

Je blöder wir etwas finden, desto kämpferischer werden wir. Das kostet Kraft. Und manchmal muss man die eigene Position überdenken, weil das Problem gar nicht so groß ist oder der Lösungsansatz noch nicht funktioniert. **R.A.I.N. kann dabei helfen, sich weniger daran abzuarbeiten, wie problematisch wir ein Problem finden** – dann fühlen wir uns schon mal weniger schlecht, und zudem werden Ressourcen für das Finden einer möglichen Lösung frei.

TAG 20 (SAMSTAG)

Der für kreative Vorgänge nötige Kontrollverlust macht vielen Menschen Angst. Nicht zu wissen, was herauskommt … nicht einmal zu wissen, ob etwas herauskommt … erzeugt Unsicherheit. Das ist verständlich, sollte Sie aber nicht davon abhalten.

Kreative Gedanken zu kultivieren, macht nicht schwach. Sie können jederzeit den Prozess abbrechen, wenn er Ihnen unangenehm wird. Und es zwingt Sie ja auch niemand, Ihren Ideen zu folgen. Sie können zu dem Schluss kommen: Nee, da ist noch nichts dabei, was mich überzeugt – und leben unverändert weiter wie bisher.

Andererseits: Wenn sich Ihr aktueller Zustand durch einfache, offensichtlich logische Maßnahmen verbessern ließe, hätten Sie das ja längst getan. Also ist vielleicht doch die Zeit gekommen für Experimente. Erst einmal im Geist!

Manche von Ihnen fürchten (vielleicht auch unbewusst), dass die in diesem Buch vorgestellten Techniken und Übungen uns schwach machen. Dass sie den nötigen »Biss« verlieren, um im Alltag zu bestehen, wenn Sie den Atem beruhigen, neue Wege gehen oder in der heute folgenden Übung dem Unterbewusstsein freien Lauf lassen. Diese Weltsicht ist von Furcht geprägt: Wenn ich nicht ständig aufmerksam und kontrolliert bin, gerate ich (möglicherweise) in Gefahr!

Angstfreie Räume erkennen

Wenn Sie diesen Gedanken einmal genauer betrachten, werden Sie jedoch feststellen: Das gilt gar nicht 24 Stunden an sieben Tagen die Woche! Heute Abend zum Beispiel, bei sich zu Hause am Esstisch oder Schreibtisch, besteht kein ernstzunehmendes Risiko, wenn Sie sich zehn Minuten lang einer Kreativübung widmen. Irgendwann haben Sie zehn Minuten für sich allein, oder Sie nehmen sie sich. Das Schlimmste, was dann noch passieren kann, ist: Sie finden die Übung blöd. Das Beste wäre: Sie finden sie toll. Eigentlich doch ein ganz gutes Verhältnis von Chance und Risiko, oder?

Wir tragen diese Sorge auch in uns, weil wir von klein auf gelernt haben, im Wettbewerb stehen zu müssen. Schon in der Schule werden die Kinder nicht für sich, sondern im Verhältnis zu den anderen bewertet. Hat man zwei Genies in der Klasse, steht man oft dumm da. Zwei Klassendeppen hingegen helfen allen anderen.

Im Job geht es so weiter. Wichtigstes Ziel: Nicht die Schwächste, der Schlechteste zu sein! Egal wie! Das mag berechtigt sein oder auch nicht. Für die kurzen Momente der Besinnung, zu denen die Übungen in diesem Buch beitragen, gilt es nicht. Sie sollen sich an niemanden messen. Es geht um keinen außer um Sie selbst. Sie müssen niemanden daran teilhaben lassen, was Sie tun. Es ist kein Ziel zu erreichen. Wir probieren einfach etwas und schauen mal, was dabei herauskommt. Das mag sich ungewohnt anfühlen, beängstigend ist es aber nicht.

Auf alle Fälle gilt: Sie sind so stark (oder schwach), wie Sie sich fühlen und verhalten. Daran kann niemand etwas ändern außer Ihnen selbst. Insofern haben Sie bei der Lektüre nichts zu verlieren, aber viel zu gewinnen.

Mit etwas Glück entdecken Sie sogar den Spaß daran, Sicherheiten loszulassen!

ÜBUNG 20
DEN FLUSS DER GEDANKEN ZU PAPIER BRINGEN
(10 MINUTEN)

Zum dritten Mal widmen wir uns heute dem »stream of conciousness«-Schreiben. Insofern sind Sie wahrscheinlich in der Lage, sich hinzusetzen und einfach loszulegen. Denn Sie haben gemerkt: Es tut überhaupt nicht weh.

- Aber auch wenn diese Übung nicht zu Ihren Lieblingen gehören sollte, haben Sie sicher bemerkt, dass es Ihr Unterbewusstsein anregt, wenn Sie es auf diese einfache Weise stimulieren. Deshalb: Holen Sie Ihren Lieblingsstift und Ihr Notizheft oder einige Blätter Papier. Stellen Sie den Wecker auf zehn Minuten, wenn Sie möchten, oder schreiben Sie, bis Sie fünf Seiten gefüllt haben.
- Auf die Plätze, fertig … los! Schreiben Sie einfach, was Ihnen durch den Kopf geht, ungefiltert, ungeschönt. Dann legen Sie die Seiten weg oder vernichten Sie. Mehr ist nicht zu tun.

DAS BRINGT'S

Viele Menschen wundern sich nach anfänglichem Zögern darüber, was Ihnen so alles aus der Feder fließt. Nicht, weil es inhaltlich so bemerkenswert wäre. Es ist einfach so viel, zu so vielen Themen und so bunt durcheinander. **Vielleicht ist das die Lektion, die Sie mitnehmen: Guck mal, wie ich denke!**

Oder Ihnen fällt auf, wie schwer es für Sie ist, die Kontrolle abzulegen und ungehemmt zu schreiben. Obwohl es ja niemand sieht! **Es kann auch sein, dass ein bestimmtes Thema oder einzelne Wörter immer wieder vorkommen.**

Nehmen Sie zur Kenntnis, was Ihnen unaufgefordert auffällt, aber analysieren Sie nicht weiter. **Erlauben Sie einfach den Kontakt zwischen Ihrem Unterbewusstsein und dem Papier.**

TAG 21 (SONNTAG)

Ins Freie gehen. Achtsam leben. Stille erfahren. Diese drei Tipps sind Ihnen sicher auch schon gefühlte zehntausend Mal untergekommen. Warum sollen diese drei Tätigkeiten – die uns so gar nicht wie »Tun« erscheinen – entscheidend zu unserem Wohlbefinden beitragen?

1. **Licht und frische Luft tun gut**. Unsere Körper müssen aus Sonnenlicht Vitamin D erzeugen. Und aus Freiluft kann die Lunge viel leichter Sauerstoff aufnehmen als aus der dicken Suppe im TV-Zimmer. Noch effektiver wird die Maßnahme, wenn Sie nicht nur »raus« gehen, sondern Natur erleben. In einem Park, auf einer Wiese, im Wald. Wir Menschen sind – so großartig wir uns auch fühlen mögen – Teil der Natur. Das zu erleben, führt zu einer umfassenderen Wahrnehmung unseres Seins. Wir verlieren den Tunnelblick für Karriere, Familie, Arbeit, Aufgaben.
2. **Achtsamkeit bedeutet, wahrzunehmen, was gerade geschieht.** Warum ist das sinnvoll? Nehmen Sie mal an, Sie sollten die Gleichung »__ + 2 =« lösen. Geht nicht, weil Sie nicht wissen, was vorne steht? Genau. Wenn man nicht alles mitbekommt, fehlt manchmal ein wichtiges Stück. Im Alltag leider oft die positiven Momente, denn die sind für das schiere Überleben nicht notwendig. Daher beinhaltet Achtsamkeit immer auch ein Entschleunigen. Langsamer zu leben, bedeutet auch, Herz und Kreislauf zu schonen. Dann halten sie länger durch!
3. Ständig Geräusche, Musik, Gespräche. Stille auszuhalten, ist für die meisten von uns sehr schwierig. Entsteht in einem Gespräch eine Pause, erzählt man sofort irgendetwas. Um sicherzustellen, dass der Kontakt nicht abreißt. Doch erst, **wenn es ruhig wird, können wir die leisen Stimmen in unserem Inneren wahrnehmen**. Sie wissen oft, was wir »wirklich« wollen, werden aber meist übertönt. Still sein, still sitzen, sich selbst genauer kennenlernen und »aushalten« – das ist nicht einfach. Aber wie soll man die besten Entscheidungen treffen, wenn man keine Ahnung hat, warum und für wen?

ÜBUNG 21
INS FREIE GEHEN – ACHTSAM LEBEN – STILLE ERFAHREN
(30 MINUTEN)

Am letzten Sonntag haben Sie den Body-Scan durchgeführt und sich mit Ihrem Körpergefühl in der Ruhelage beschäftigt. Nun geht es wieder hinaus ins Freie!

- Bitte gehen Sie heute 30 Minuten spazieren – so naturnah, wie es für Sie mit vertretbarem Aufwand möglich ist. Wenn Sie den Spaziergang im Winterhalbjahr bei Tageslicht machen können, umso besser.
- Bitte gehen Sie allein. Handy, Hund, Kinder und MP3-Player bleiben zu Hause. Gehen Sie eher langsam als schnell. Nicht so langsam, dass Fremde Sie besorgt mustern. Aber es soll kein Sport aus dem Spaziergang werden.
- Achten Sie auf Ihre Umgebung. Die Bäume, die Büsche, die Vögel. Blumen, Blätter, Tiere. Sie werden hinterher nicht abgefragt.

DAS BRINGT'S

Ziel der Übung ist es, zu trainieren, die Mitte zwischen zu viel Anstrengung und zu wenig, zu viel Aufmerksamkeit und zu wenig, zu wenig Außenreizen und zu vielen zu treffen. So dass Sie, im Idealfall, einfach sehen und hören, was Sie eben sehen und hören, es zur Kenntnis nehmen, sich nicht weiter darum kümmern, immer weitergehen und sich hinterher erfrischt fühlen, weil Sie überrascht feststellen, dass Sie **eine ganze Weile weder nützlich noch nachdenklich waren. Das tut erstaunlich gut** und ist zwischendurch bitter nötig!

FRAGEN & ANTWORTEN III

Meditieren ist langweilig!

Stimmt. Oft ist Meditieren langweilig. Was dann hilft: Sich nur auf den nächsten Atemzug oder die nächste Zahl oder den nächsten Schritt zu konzentrieren. Nur einen noch, nur einen noch … so geht die Zeit auch vorbei.

Interessant auch: Mal ist meditieren langweilig, mal nicht. Und: Sich immer dieselben Sorgen zu machen, ohne dabei weiterzukommen, ist auch langweilig. Insofern ist Meditation doch allemal einen Versuch wert.

Ich kann nicht so lange sitzen.

Wenn Sie wirklich aus medizinischen Gründen keine zehn oder fünfzehn Minuten sitzen können, dann meditieren Sie im Stehen, im Gehen, im Liegen oder in einer Sitzhaltung, die für Sie möglich ist.

Wenn Ihnen der Po oder die Füße einschlafen, oder wenn's irgendwo juckt: Nicht drum kümmern, das geht wieder weg. Schlimmstenfalls, wenn Schmerzen einsetzen, verändern Sie Ihre Haltung bewusst und aufmerksam.

Wenn Sie eigentlich meinen: Ich kann nicht so lange still sitzen, weil ich so ein unruhiger Typ bin … dann gilt: Doch, können Sie. Und Sie sollten es auch wollen. Es wird Ihnen gut tun. Versuchen Sie's! Reduzieren Sie notfalls die Zeit, fangen Sie mit einer Minute an oder mit einer halben. Sie schaffen das!

Wie erkläre ich das meinem Mann oder meiner Frau (oder den Kollegen oder der besten Freundin/dem besten Freund)?

Am besten erst mal gar nicht. Wenn Sie die Möglichkeit haben, meditieren Sie, ohne sich dafür rechtfertigen oder etwas erklären zu müssen. Das gilt auch für die anderen Übungen in diesem Buch. Wählen Sie einen Zeitpunkt und Ort, an dem Sie ungestört sind. Wenn Sie irgendwann erzählen *wollen*, was Sie tun, dann spricht überhaupt nichts dagegen. Aber Sie müssen es nicht. Und Sie sollten auch nicht das Gefühl haben, dass Sie es müssen.

Die Übungen in diesem Buch sind alle so kurz, dass Sie sich nach dem Aufstehen, in der Mittagspause oder am Abend in den Tag integrieren lassen, ohne aufzufallen. Wenn Sie das Gefühl haben, sich nicht ohne Erklärung für kurze Zeit aus dem Beziehungsbild der Familie entfernen zu können, dann wählen Sie für die ersten Übungen Zeitpunkte außer Haus, oder wenn keiner außer Ihnen da/wach ist. Die Übungen am Wochenende (je 30 Minuten) können Sie vorab einplanen zu einer Zeit, die erfahrungsgemäß ruhig ist. Wenn wirklich jemand fragend guckt, ist es auch völlig in Ordnung, zu sagen: »Ich möchte jetzt eine halbe Stunde für mich haben. Danach stehe ich wieder zur Verfügung.« Fühlt sich beim ersten Mal komisch an, klappt aber!

Haben die Übungen in diesem Buch auch gesundheitliche Vorteile?

Ja! Die Kreativübungen machen Sie aufmerksamer für die Selbstwahrnehmung. Es fällt dann leichter, zu bemerken, was einem gerade gut tun könnte. Regelmäßig ins Freie zu gehen, ist ebenfalls nachweislich gesund.

Vor allem aber die Meditationsübungen nützen nicht nur Ihrem Geist, sondern auch dem Körper. Meditation hilft, den Blutdruck zu senken und stärkt das Immunsystem. Es lässt sich sogar nachweisen, dass Meditation konkrete Auswirkungen auf tatsächliche Erkrankungen hat. Beispielsweise bekommen Asthmakranke messbar (nicht: gefühlt) stärkere Anfälle, wenn sie vorher emotional negativ stimuliert wurden. Je regelmäßiger die Meditation, desto geringer dieser Negativeinfluss!

TAG 22 (MONTAG)

Wenn wir uns etwas fest vornehmen, steigt damit die Chance, dass es klappt. Und was Sie sicher auch schon mal erlebt haben: Wenn Sie etwas insgeheim nicht wollen, kommt mit etwas Zusatz-Glück etwas dazwischen und was-auch-immer bleibt Ihnen erspart. Das nennt man die »power of intention«, etwa: die Macht der (guten) Vorsätze.

»Intention« ist Arbeit. Eine Intention muss man durchdenken, begutachten, umsetzen. Eine Intention zu finden und in den Alltag zu integrieren, ist mehr, als die Angst vor dem Jobverlust zu ersetzen durch die gebetsmühlenartige Wiederholung von »ich behalte meinen Job, nichts kann meinen Job gefährden«.

Sind Sie also neidisch darauf, dass Ihre Nachbarin einen Poolboy nach dem anderen vernascht und Sie nie einen abkriegen? Dann ist es wenig sinnvoll, ab sofort den ganzen Tag vor sich hin zu murmeln: »Ich kriege auch einen Poolboy! Poolboys lieben mich! Ich bin die beste Wahl für jeden Poolboy!« Es könnte aber hilfreich sein, die eigene Haltung zu untersuchen. Vielleicht habe ich in der Kindheit schlechte Erfahrungen mit den Poolboys meiner Eltern gemacht? Oder ich bin der Ansicht, Sex ohne Liebe ist gar nicht so toll? Dann könnte man zur Intention kommen: Ich möchte meine Hemmungen ablegen und mir auch einen Poolboy angeln. Daran arbeite ich ab jetzt, wo immer es sich anbietet!

Intention führt zu gezieltem Handeln

In der Welt des Yoga und der Meditation ist es durchaus üblich, der sogenannten »Praxis« eine Intention voranzustellen, wie eine Widmung. Ich denke mir also vor der Yogastunde oder vor dem Meditieren: Das tue ich jetzt für den Frieden in der Welt. Oder gegen den Klimawandel. Oder für finanzielle Sicherheit. Und dann lasse ich diesen Gedanken davonziehen und mache einfach wie immer weiter.

Eine solche Intention kann man sich auch im Rahmen der Übungen dieses Buches erarbeiten, oder sie wird wie von allein offenkundig. Vielleicht in den »stream of conciousness«-Schreibübungen, auf einem Waldspaziergang oder in der Ruhe der R.A.I.N.-Meditation.

ÜBUNG 22

DEN STROM DER GEDANKEN UNTERBRECHEN

(10 MINUTEN)

Suchen Sie sich einen Zeitpunkt, an dem Sie aller Wahrscheinlichkeit nach für zehn Minuten ungestört sind. Stellen Sie Ihr Handy auf Flugmodus und den Wecker auf zehn Minuten. Setzen Sie sich bequem und mit aufrechtem Rücken hin.

Lesen Sie zuerst die gesamte Übungsanleitung durch. Sie können natürlich jederzeit – vor allem an den Übergängen von einem Schritt zum nächsten – nachlesen!

- Holen Sie zu Anfang einmal tief Luft und lassen Sie den Atem ausströmen. Noch einmal: ein … aus …
- Dann schließen Sie die Augen und spitzen die Ohren. Was hören Sie? Bellt in der Ferne ein Hund? Fahren Autos vorbei? Vielleicht haben Sie ein Haustier, das Sie hören können? Oder Ihr Nachbar hat den Fernseher wieder viel zu laut gedreht?
- Hören Sie, was zu hören ist, und lassen Sie es verklingen, wenn es verklingt. Uns interessiert weder, woher das Geräusch kommt, noch wie es entsteht oder ob es Ihnen gefällt. Hören Sie einfach, so gut Sie können.
- Achten Sie nach einiger Zeit auch auf den Raum zwischen den Geräuschen. Manchmal ist nichts zu hören, oder weniger. Manchmal nimmt ein Geräusch erst zu, dann wieder ab. Kommt näher und entfernt sich. Oder es überlagern sich mehrere Geräusche.
- Hören Sie einfach zu, unternehmen Sie nichts, denken Sie nicht weiter über die Geräusche nach. Sie sind nur das »Ding«, auf das wir uns heute konzentrieren, um unsere Gedanken zur Ruhe zu bringen. Wenn Sie bemerken, dass Sie an etwas anderes denken, statt aufmerksam zu lauschen … nehmen Sie diese Tatsache zur Kenntnis und widmen Sie Ihre Aufmerksamkeit wieder der Welt der Geräusche.

DAS BRINGT'S

Die Übung ist eine Alternative zu klassischen Meditationen, bei denen man dem Atem die ganze Aufmerksamkeit widmet. Lässt sich mit etwas Übung auch im Alltag nutzen. **Gerade in turbulenten Situationen ist oft viel zu hören. Sich für einen Moment darauf zu konzentrieren, kann das aufgewühlte Gedankenmeer beruhigen.** Vielleicht fragen Sie sich jetzt: Wieso ist es so wichtig, zu lernen, die eigenen Gedanken zu beruhigen? Und warum geschieht das auf unterschiedliche Arten? **Wenn es uns nicht gelingt, dem besorgten Strom der Gedanken und Gefühle zumindest dann und wann Einhalt zu gebieten, erleben wir keine Pausen, in denen wir auf gute Ideen und Auswege kommen können!** (Um diese dann zu entwickeln, fördern wir parallel Freidenken und Kreativität.) Verschiedene Wege, die zum Ziel der inneren Ruhe führen, sind nicht unbedingt nötig – aber dem einen fällt dies leichter, der anderen das. Ich möchte Ihnen hier mehrere Wege zeigen, von denen Ihnen hoffentlich wenigstens einer leicht fällt und Freude bereitet.

TEST

WIE ZIELSTREBIG BIN ICH?

Bewerten Sie auf einer Skala von 1 – 5.
1 bedeutet »trifft überhaupt nicht zu«,
5 bedeutet »trifft voll und ganz zu«.

1	Wenn ich mir etwas vorgenommen habe, klappt das auch meistens.	**1 2 3 4 5**
2	Ich weiß genau, was ich in den nächsten vier Jahren vorhabe.	**1 2 3 4 5**
3	Natürlich braucht man auch Glück zum Erfolg. Aber vor allem muss man die Zähne zusammenbeißen und sich anstrengen.	**1 2 3 4 5**
4	Gute Ideen allein sind nichts wert. Es kommt darauf an, was man daraus macht!	**1 2 3 4 5**
5	Vor einer Prüfung oder Präsentation bereite ich mich bis in die frühen Morgenstunden vor.	**1 2 3 4 5**
6	Hausfrauen und Arbeitslose verpassen so viel im Leben!	**1 2 3 4 5**
7	»Der Weg ist das Ziel« ist nur sinnvoll, wenn der Weg auch ein Ziel hat!	**1 2 3 4 5**
8	Ich habe mich im Leben stets bemüht, Fehler zu vermeiden.	**1 2 3 4 5**
9	Das Sprichwort »Eine Hand wäscht die andere« halte ich für sehr zutreffend.	**1 2 3 4 5**
10	Nur was man sich vorstellen kann, kann man auch erreichen.	**1 2 3 4 5**

AUSWERTUNG

- Addieren Sie Ihre Punkte. Wenn Sie **über 35 Punkte** haben, sind Sie vermutlich **ausgesprochen ehrgeizig und zielstrebig**. Das kann dazu führen, dass Sie von einem Erfolg zum nächsten hetzen, sich dabei aber unglücklich fühlen. (Es kann auch sein, dass Sie sehr viel erreichen und große Freude daran haben.) Empfehlenswert ist, alle fünf bis zehn Jahre zu überprüfen, ob Ihre Werte und Ihr Alltag noch im Einklang stehen.
- **Unter 20 Punkte:** Machen hochgesteckte Ziele Ihnen vielleicht sogar Angst? Oder haben Sie die Erfahrung gemacht, dass Sie Ihre Wünsche und Hoffnungen besser für sich behalten sollen? Halten Sie vielleicht nicht viel von sich und/oder Ihren Fähigkeiten? Es ist auch möglich, dass Sie der Ansicht sind, Sie könnten viel mehr, wenn nicht andere Menschen oder die Umstände Ihnen einen Strich durch die Rechnung machen würden. **Tipp: Tasten Sie sich Schritt für Schritt an das Thema heran. Auch im Privaten kann man sich Ziele setzen, ohne gleich übergroßen Ehrgeiz aufbringen zu müssen. Etwas erreichen zu wollen, ist nichts Schlimmes!**
- **Zwischen 20 und 35 Punkten:** Sie können recht gut einschätzen, wofür Sie Ihre Energie einsetzen. Und ob sich das lohnt. Notfalls brechen Sie ab und überlegen neu. **Tipp: Experimentieren Sie damit, Ihre Ziele besser kennenzulernen, Ihr Bestes dafür zu geben – und dann das Ergebnis einfach geschehen zu lassen** (bei einem Misserfolg also nicht zu Boden zu gehen, bei einem Erfolg aber auch nicht zu glauben, Sie wären der wiedergeborene Elvis).

TAG 23 (DIENSTAG)

Ist das Leben für Sie ein Nullsummenspiel? Oder können Sie sich auch sogenannte Win-Win-Situationen vorstellen?

Das scheint auf den ersten Blick eine merkwürdige Frage zu sein. Tatsächlich aber beeinflusst unsere Antwort darauf alle Bereiche des Lebens!

Ein Nullsummenspiel ist eines, bei dem man nur gewinnen kann, wenn jemand anders verliert. Beispielsweise kann man einen Bewerbungsprozess als eine Art Nullsummenspiel auffassen: Nur einer kann die ausgeschriebene Stelle »gewinnen«, die anderen »verlieren«. Wobei sie in Wahrheit ja nicht schlechter dastehen als vorher. Auch die Börse funktioniert auf diese Weise. Ein Händler macht seinen Gewinn, weil ein anderer Händler Verlust macht (bzw. der Verlust des einen ist der Gewinn des anderen).

Privat sehen wir die Welt überraschend oft so. Viele zwischenmenschliche Gespräche verlaufen wie Krisengipfel. Die scheinbare Logik dahinter: Wenn du kriegst, was du willst, heißt das automatisch, dass ich nicht kriege, was ich will. Manchmal ist das auch so. Wenn es heute zum Abendbrot Nudeln gibt – und alle zusammen essen wollen – kann ich keine Rouladen haben. Oder wenn wir das Wohnzimmer rot streichen, kann es nicht gelb sein. Wenn du mir zu liebe deine dreckigen Socken wegräumst, kannst du sie nicht faul in der Ecke rumliegen lassen. Manche Dinge schließen sich ganz einfach aus.

Alles wiederholt sich

Dennoch raten Experten davon ab, das Leben als eine Folge von Nullsummenentscheidungen zu sehen. Denn es gibt immer ein nächstes Mal.

Warum nicht: Heute essen wir, was du willst, und morgen, was ich mag? Das Wohnzimmer streichen wir in deiner Lieblingsfarbe, das Schlafzimmer in meiner? Du räumst deine Socken weg, ich meine Schuhe? Diesen Urlaub fahren wir in die Berge, im nächsten ans Meer?

Dazu sind Kooperation und Kompromisse nötig. Die aber sind schwer, wenn jede Diskussion von der Angst überschattet wird: Wenn du »gewinnst«, »verliere« ich! Denn wer will schon verlieren? Dann hastet man aber von einem Ultimatum zum nächsten: Wenn ich, dann du! Wenn dies, dann das! Ständig rechnet man die gegenseitigen Leistungen und Zugeständnisse gegeneinander auf. Das ist ermüdend und konfrontativ.

Noch besser als »heute ich, morgen du« ist daher eine »Win-Win«-Sichtweise. Das kann bedeuten: Mir ist eigentlich egal, wohin wir im Urlaub fahren, solange ich dort Sport machen kann … aber die Wandfarben sind mir wahnsinnig wichtig! Oder: Was hältst du davon, wenn ich allen Papierkram übernehme, von Versicherungen bis Steuer, und du dafür den Rasen mähst, was ich nicht leiden kann?

Auf diese Weise hat jeder »gewonnen«. Einer bestimmt die Wandfarben in allen Räumen, der oder die andere die Urlaubsziele. Wenn diese Entscheidungen rücksichtsvoll und aufmerksam getroffen werden, verabschiedet man sich aus einem ständigen Hin-und-her, Dies-gegen-das und beginnt stattdessen, einander zu beschenken.

Anderen verlustarm entgegenkommen

Denn das ist der verborgene Charme dieser Idee. Nicht nur profitiere ich selbst davon, weil ich vielleicht ein paar Dinge bekomme, die mir wirklich wichtig sind. Mein Gegenüber freut sich ebenso, weil er oder sie auch genau die Sachen bekommt, die ihm oder ihr wirklich wichtig sind. Sie werden erstaunt sein, wie selten Ihnen und Ihrem Gesprächspartner dieselben Aspekte entscheidend erscheinen.

Sie werden erkennen: Hier kann ich meinen Kollegen, meinen Freunden oder meinem Partner freiwillig entgegenkommen, ohne dass es mich wirklich viel »kostet«. Und nach einiger Zeit wird diese Freundlichkeit erwidert werden und Sie fahren große »Gewinne« ein, ohne dass Ihr »Handelspartner« ernsthaft »Verlust« macht. Kooperation statt Konkurrenz. So funktioniert nicht nur Liebe, sondern auch Alltag.

ÜBUNG 23

BEWUSST »JA« SAGEN AN EINEM SICHEREN ORT

(15 MINUTEN)

Wählen Sie einen ruhigen Moment und Ort. Diese Übung lässt sich gut im Freien durchführen, zum Beispiel in der Mittagspause im Park, wenn Ihnen das angenehm ist. Schalten Sie Ihr Handy in den Flugmodus.

Stellen Sie einen Timer für 15 Minuten. Setzen Sie sich bequem und mit aufrechtem Rücken hin. Auf einen Stuhl, eine Bank, ein Kissen auf dem Boden.

Lesen Sie zuerst die gesamte Übungsanleitung durch.

- Richten Sie Ihren Blick nicht fokussiert in eine mittlere Entfernung oder schließen Sie die Augen.
- Holen Sie einige Male tief Luft und lassen Sie den Atem langsam ausströmen. Stellen Sie sich dann einen Ort vor, der für Sie Sicherheit verkörpert. Das kann eine Lichtung im Wald sein, eine Höhle, ein Baumhaus. Sie können sich den Ort ausdenken oder einen Ort wählen, an dem Sie sich sicher und geborgen gefühlt haben.
- Sehen Sie sich um. Versuchen Sie, den Ort so genau wie möglich mit allen Sinnen zu erfassen. Ist es warm oder kalt? Was hören Sie? Liegt ein bestimmter Duft in der Luft? Können Sie vielleicht Tiere in Ihrer Umgebung ausmachen … Vögel, ein Reh? Genießen Sie das Gefühl von Ruhe und Sicherheit, das Sie empfinden.
- Nach einiger Zeit, etwa fünf bis zehn Minuten, bemerken Sie, wie wohl Sie sich fühlen. Sie sind im Einklang mit der Welt. Sie beschließen, ab jetzt zu allem »Ja« zu sagen, wenn möglich. Vielleicht denken Sie auch an eine für Sie schwierige Entscheidung oder Situation und probieren einfach mal aus, wie es sich anfühlt, »Ja« zu denken. »Ja, das ist okay.« Oder auch: »Ja, so ist es.« Oder möglicherweise: »Ja, meinetwegen.«
- Der Ort, an dem Sie sich befinden, sorgt dafür, dass Sie dies ganz unbesorgt ausprobieren können. Niemand beobachtet Sie. Niemand schaut zu. Sie sind ganz bei sich.

- Sie haben genug Zeit, sich mit diesem Versuch und den Gedanken und Gefühlen, die er mit sich bringt, auseinanderzusetzen. Nach etwa fünf Minuten lassen Sie den Gedanken entspannt davonziehen. Sie können die Übung nun mit einem tiefen Atemzug beenden. Oder Sie bleiben noch eine Weile an diesem angenehmen, sicheren Ort in Ihrer Fantasie, bis der Wecker klingelt.

DAS BRINGT'S

Zu Dingen oder Situationen, die uns unangenehm oder besorgniserregend erscheinen, »Ja« zu sagen, ist sehr schwer. Aber manchmal ist es notwendig. Oder sinnvoll. Auf diese Weise können Sie an einem sicheren Ort ausprobieren, wie sich das anfühlt. Manchmal ist es gar nicht so schlimm wie erwartet. **Bewusst »Ja« zu sagen, führt zudem auch im Rest des Tages zu einer offeneren Haltung der Welt gegenüber. Außerdem tut es gut, einen sicheren Ort zu entwickeln, an den Sie sich in Momenten der Sorge oder Unruhe jederzeit innerlich zurückziehen können.**

TAG 24 (MITTWOCH)

»Ja« im Alltag bedeutet in erster Linie, einen konstruktiven Umgang mit dem Leben anzustreben. So kann man zum Beispiel »Ja« dazu sagen, dass das Haus unordentlich und die Wäsche nicht gewaschen ist. »Ja, so ist das. Wie geht es mir damit? Macht es mich unsicher, stört es mich, ärgert es mich, komme ich mir unzulänglich vor?« Kann ich bewusst »Ja« dazu sagen, alles so zu lassen, wie es ist? Oder liegt es mir näher, »Ja« zu dem Versuch zu sagen, die Lage Schritt für Schritt zu ändern? Auch wenn ich dazu momentan zu müde und erschöpft bin?

Würde ich lieber »Ja« sagen zu einer gänzlich anderen Situation: viel Geld, kein Stress, und das idyllisch gelegene Haus wird vom vielköpfigen Personal in Schuss gehalten? Wozu sagen wir dann »Ja« – zu einem Wunsch, den wir verwirklichen wollen, oder zu einer Flucht vor dem überfordernden Alltag? Und können wir auch noch zu dieser Erkenntnis »Ja« sagen, weil sie wahr ist?

Mit offenen Augen und offenen Sinnen durch den Tag zu gehen, ist nicht einfach. Schon deshalb, weil so ungeheuer viele Reize auf uns einprasseln. Doch wenn wir an einer harten Nuss knacken, lohnt es sich, aufmerksam zu bleiben. Wann spüren Sie Ihr aktuelles Problem am deutlichsten? Wieso ausgerechnet dann? Gibt es einen äußeren Auslöser, sich damit zu beschäftigen?

Stress zeigt sich auch körperlich

Wie fühlt es sich an, wenn Ihre Gedanken beginnen, sich mit dem bislang unlösbaren Knäuel zu beschäftigen? Wird Ihnen kalt oder warm, spüren Sie eine Spannung oder Schwäche im Körper? Bekommen Sie vielleicht Kopfschmerzen oder beißen Sie die Zähne aufeinander?

Kreisen die Gedanken endlos und immer gleich? Oder ist es eher so eine dumpfe Angst oder Unzufriedenheit, die alles durchtränkt? Oder beides?

Wenn Sie nicht bewusst an das Thema denken, dass Ihnen solche Sorgen macht … ertappen Sie sich manchmal dabei, es doch zu tun? Dominiert es Ihre Gedanken in stillen Momenten (z. B. beim Essen) oder Ihre Gespräche mit Freunden und Familie? Oder umgekehrt, verdrängen Sie das Problem so effektiv, dass Sie praktisch nie davon erzählen, kaum daran denken? Wenn ja, gibt es einen Ort in Ihrem Körper, wo die Sorge ihr Zuhause gefunden hat? Vielleicht zwischen den Schulterblättern oder in Ihrer Hüfte?

Können Sie versuchen, offen durch den Tag zu gehen und alles, was geschieht, sozusagen durch sich hindurch wehen zu lassen? Finden Sie diese Vorstellung eher angenehm oder eher unangenehm? Löst Sie bei Ihnen einen körperlichen Effekt aus?

Das Zusammenspiel von Geist und Körper wird meist unterschätzt. Doch man kann nachweisen: Wir lächeln, wenn wir uns gut fühlen. Und wir sind nicht in der Lage, uns schlecht zu fühlen, wenn Forscher uns ein Lächeln ins Gesicht zwingen (z. B., indem Probanden einen Bleistift quer zwischen die Zähne nehmen)! Wir können unseren Körper durch den Geist beeinflussen – und den Geist mittels des Körpers. Das können wir uns kaum vorstellen, aber es klappt!

ÜBUNG 24
UNSER TUN BEWUSST WAHRNEHMEN
(3 x 1 MINUTE)

Wie schon einmal stellen Sie auf dem Handy drei Wecker für drei beliebige Zeitpunkte am heutigen Tag. Wenn der Wecker piepst, widmen Sie dem, was Sie gerade tun, Ihre volle Aufmerksamkeit.

Egal, ob es das Einräumen der Spülmaschine ist, Windeln wechseln, die Steuererklärung, Bahnfahren, Fernsehen, ein Gespräch mit Kollegen oder Freunden.

- Hören Sie zu, so gut es geht.
- Fühlen Sie, was es zu fühlen gibt!
- Achten Sie darauf, was Ihr Körper zu sagen hat.
- Versuchen Sie, diese Achtsamkeit wenigstens eine Minute aufrechtzuerhalten.

DAS BRINGT'S

Es ist sehr schwer und ungewohnt, nur eine Sache zurzeit zu tun, und dieser auch noch unsere volle Aufmerksamkeit zu widmen. Viel häufiger lesen wir Nachrichten auf dem Handy, während wir in einem Meeting sitzen oder zu Mittag essen. Gern läuft irgendwo auch noch ein Fernseher oder Radio.

Nur eine Sache zurzeit zu tun, beruhigt unser Gehirn. Und ermöglicht uns, überhaupt zu begreifen, was geschieht. So können wir nach einiger Zeit auch wieder Entscheidungen treffen, die besser zu uns passen – weil wir uns neu kennengelernt haben.

FRAGEN & ANTWORTEN IV

Gehen meine Freundschaften jetzt in die Brüche?

Warum sollten sie? In meiner Welt können Christen mit Moslems befreundet sein, SPD-Wähler mit CDU-Wählern, Menschen, die meditieren, mit solchen, die nicht meditieren.

Was passieren kann: Sie stellen fest, dass ein Freund oder eine Freundin super-negativ ist, intolerant, langweilig oder ein Blutsauger. Das war dann aber auch ohne Meditation keine tolle Freundschaft. Vielleicht sind Sie zufällig beim Meditieren darauf gekommen, dass es gar nicht mit Ihrem Wertesystem zu vereinbaren ist, dass Sie sich immer die Jammergeschichten Ihrer »besten Freundin« anhören, die aber nie Zeit hat, wenn es Ihnen schlecht geht. Gut für Sie! Man muss nicht jede Freundschaft für immer durchschleppen. Das tun Menschen, die nicht meditieren, auch nicht. Hat also nichts miteinander zu tun.

Keinen Sex mehr?

Warum nicht? Wenn Sie wollen, können Sie sogar die Erfahrungen aus der Meditation mit ins Bett nehmen und mal ausprobieren, wie der Sex ist, wenn Sie dabei nicht an gestern, morgen und die Einkaufsliste denken. Sondern spüren, was zu spüren ist. Es gibt keinen Grund anzunehmen, dass einvernehmlicher Sex zwischen Menschen, die sich mögen, nicht eher besser als schlechter durch Meditation würde. Jedenfalls bedeutet Meditation keineswegs Enthaltsamkeit.

Muss ich jetzt vegan essen?

In der Meditation geht es u.a. darum, sich und allen anderen Lebewesen Gutes zu wünschen. Lässt sich das mit Tiere-töten vereinbaren? Das müssen Sie selbst entscheiden!

In keiner klassischen Meditationsanleitung steht, dass Fleischkonsum untersagt sei. Manche Mönche retten die Ameisen vom Trampelpfad durch ihr Kloster – aber essen Hack zum Mittag. Andere ernähren sich vegetarisch oder vegan. Wenn Sie das tun möchten, sollten Sie sich über die gesundheitlichen Konsequenzen informieren (und ggf. entsprechende Nahrungsergänzungsmittel einnehmen). Ansonsten spricht nichts dagegen.

Wer sich bewusst und aufmerksam mit sich und der Welt auseinandersetzt, sei es mit Hilfe von Meditation oder wie auch immer, wird jedoch Probleme mit manchen »Lebensmitteln« bekommen. Ein Pfund Hack für 99 Cents oder eine XL-Tüte krass prickelnder Brausebonbons sind ethisch und gesundheitlich eher fragwürdig.

Faustregel: Im Zweifelsfall scheint eine Neigung zu Bio-Lebensmitteln und eher weniger Fleisch mit den Werten der Welt der Meditation am ehesten vereinbar.

Was unterscheidet Meditation von Rumsitzen?

Rumsitzen und »nichts« tun ist etwas anderes als »sitzen und Nichts« tun. Denn Nichts (mit großem N) ist gar nicht so leicht hinzubekommen. Deswegen beschäftigen wir das Gehirn bei der Meditation ja auch mit einfachen Aufgaben wie Zählen oder den Atem zu beobachten.

Wer »rumsitzt«, döst entweder vor sich hin oder lässt die Gedanken fließen. Wer rumsitzt, kann nervös, unkonzentriert, unaufmerksam oder auch total glücklich sein. »Rumsitzen« ist eine Position, keine Geisteshaltung.

In der Meditation versucht man, sich des eigenen Tuns im Moment bewusst zu werden. Auf diese Weise kann man dann auch »bewusst rumsitzen«.

Darf ich jetzt noch Wein trinken?

Alkohol ist jedenfalls nicht verboten. Er macht aber auch weder klüger noch schöner oder kreativer. Das fällt einem, wenn man regelmäßig meditiert, durchaus irgendwann mal auf. Dann lässt der Wunsch nach Wein oder anderen alkoholischen Getränken vielleicht nach.

Das Gleiche gilt für regelmäßige Selbstmedikation in der Art: »Alkohol ist auch eine Lösung«. Vielleicht fällt Ihnen nach einiger Zeit auf: Nee, ist er doch nicht. Dann trinkt man automatisch weniger. Aber wenn Sie sich wohl fühlen mit sich und der Welt und weitertrinken wie bisher, dann ist auch alles vollkommen in Ordnung!

Was unterscheidet Meditation von Nachdenken?

Eigentlich alles. Meditation ist genau darum bemüht, Gedanken für eine Weile loszulassen. Wenn sie kommen, na schön, aber dann nehmen wir sie nur zur Kenntnis, statt uns mit ihnen zu beschäftigen, und lassen sie weiterziehen.
In einer Meditation kann man sich durchaus mit »Themen« beschäftigen (z. B. mit guten Wünschen für sich und den Rest der Welt), oder man kann erkunden, wie man sich fühlt, wenn man zur Ruhe kommt. Doch all das geschieht nicht durch Analyse und Überlegung, sondern durch möglichst aufmerksame, wohlwollende und ruhige Beobachtung von Augenblick zu Augenblick.
Insofern ist Meditation sozusagen das Gegenteil von Nachdenken. Mit dem interessanten Nebeneffekt, dass man hinterher ganz unerwartet auf einen Gedanken oder eine Idee gekommen ist.

Muss ich meinen Fernseher verkaufen?

Nein, und auch nicht das Internet abmelden. Wer meditiert, schlägt etwas Zeit pro Tag dafür frei, ganz in Ruhe bei sich selbst zu sein. Was Sie den Rest des Tages tun, ist davon unabhängig.
Natürlich verändern wir uns im Laufe des Lebens, und wie wir unsere Zeit verbringen, trägt dazu bei. Es ist daher nicht ausgeschlossen, dass Sie weniger fernsehen werden, wenn Sie regelmäßig meditieren, oder andere Sendungen. Vielleicht aber auch nicht.
Wichtig ist nur, dass Sie nicht fernsehen, statt zu meditieren. Oder versuchen, beim Fernsehen zu meditieren. Das klappt nicht.

Kann ich mit dem Übungsprogramm in diesem Buch auch abnehmen?

Es spricht nichts dagegen. Sie können aber auch ohne dieses Übungsprogramm abnehmen. Wenn Sie tatsächlich übergewichtig sind und Sie im Rahmen dieses Übungsprogramms feststellen, dass Sie das ernsthaft ändern wollen – dann leisten die Übungen einen Beitrag zu Ihrem Erfolg.

Vielleicht haben Sie aber auch bisher nur Ihr Gewicht für Ihre Schwierigkeiten im Job oder in der Liebe verantwortlich gemacht – und stellen nun fest, wenn Sie ganz ehrlich mit sich sind, dass es an etwas anderem liegt. Dann unterstützen die Übungen Sie dabei, *diese* Faktoren zu ändern.

Meditation und Kreativtechniken sind kein Wundermittel, das gegen alles hilft. Aber sie sind eine bewährte, erfolgversprechende Möglichkeit, sich selbst dabei zu unterstützen, herauszufinden, was man will und wie man es erreichen könnte.

Werde ich durchs Meditieren ein Weichei?

Steve Jobs, der Erfinder nicht nur des iPhones, war bekannt als Choleriker – und hat regelmäßig meditiert. Viele Manager in internationalen Konzernen meditieren, ebenso wie viele Soldaten in der US-Armee. Die Antwort ist also: Nein!

Es kann aber passieren, dass einige Ihrer Werte nicht mit Ihrem erwünschten Selbstbild zusammenpassen. Vielleicht wären Sie gern ein liebevoller Ehemann, statt als Macho durch die Bude zu stapfen. Oder Sie kommen darauf, dass es gar nicht nett ist, Kollegen sarkastisch zur Schnecke zu machen. Solche Erkenntnisse haben natürlich Konsequenzen. Aber aus freien Stücken netter und umgänglicher zu sein, ist etwas ganz anderes, als ein »Weichei« zu sein.

Umgekehrt kann Meditation übrigens auch dazu beitragen, mehr innere Stärke zu kultivieren, die sich in mehr Standfestigkeit und Resilienz zeigt. Sie wirken dann ruhiger, entschlossener, zielstrebiger. Wenn überhaupt, ist also eher weniger als mehr »Weichei« zu erwarten.

CHECK LISTE
TIPPS GEGEN ELEKTRONISCHE UNORDNUNG

Äußerliche Ordnung auf dem Schreibtisch und in der Wohnung ist schön anzusehen. Sehr viel nützt uns jedoch heutzutage auch digitale Ordnung. Folgend finden Sie ein paar Tipps gegen elektronischen Stress.

Digitale Ordnung

1. Ist Ihr Email-Konto zugleich Ihre Aufgabenliste? Übertragen Sie Aufgaben in den Kalender oder eine Aufgabenliste. Oder nutzen Sie wenigstens farbige »Tags« (Markierungen), um die Übersicht zu erleichtern.
2. Erklären Sie alle sechs Monate »Email-Bankrott« und löschen Sie Mails, die älter als sechs Monate sind. Eine neun Monate alte Anfrage beantworten Sie sowieso nicht mehr. Wenn das zu riskant scheint, verschieben Sie die Mails in einen Archivordner. So lassen sich alte Mails bei Bedarf auffinden.
3. Vertrauen Sie der Suchfunktion. Textdateien und Bilder lassen sich mittlerweile sehr gut per Suchfunktion auffinden. Bilder enthalten als sogenannte »Meta-Daten« Uhrzeit, Tag und meist auch Ort der Aufnahme. Die Gesichtserkennung gängiger Bildverwaltungsprogramme hilft bei der Personensuche auf Fotos. Word-, Excel- oder Powerpoint-Dateien lassen sich meist ebenso über inhaltliche Stichworte auffinden. Verschwenden Sie also keine Zeit mit aufwändigem Umbenennen oder komplexen Ablage-Ordner-Strukturen.

4. Vor zehn Jahren hat Ihr Ex-Freund an Ihrem Computer seine Weißwandreifen für den tiefergelegten Manta bestellt … und Sie bekommen noch immer jede Woche zwei Werbemails der Firma? Jeder seriöse Händler muss am Ende der Mails einen »Abbestellen«-Link angeben. Vieles können Sie mit einem Klick leicht loswerden! Das geht sogar vom Handy aus in der U-Bahn.
5. Natürlich wissen Sie, dass man für jeden Online-Account ein eigenes sicheres Passwort verwenden sollte. Aber wer tut das schon? Und wer kann sich das merken? Passwort-Manager wie »LastPass« (kostenlos) verlangen nur noch ein Master-Passwort und erledigen den Rest im Hintergrund. Das sorgt für mehr digitale Sicherheit – und befreit Speicherplatz im Kopf!

TAG 25 (DONNERSTAG)

Öfter als uns lieb ist, stecken wir in Zwickmühlen. In Situationen, für die es keine offensichtliche Lösung gibt. Oder, schlimmer noch, für die es offensichtlich keine Lösung gibt – zum Beispiel wenn unsere Wünsche oder Bedürfnisse unvereinbar sind.

In einer solchen Situation hilft dann nur noch, das Problem zumindest vorerst loszulassen. Das ist schwer, denn wir hängen an unserem Problem. Wir leiden, aber wir wissen wenigstens, warum.

In der Summe bringt uns das aber noch mehr Leid. Wir leiden an einem Problem oder einer Situation, und wir leiden daran, keine Lösung zu finden.

Es gibt zwei Auswege: Wir schauen uns die Situation genauer an und stellen fest: Oh, da sind ja noch eine Menge anderer Vorteile. Manche sind vielleicht versteckt und verdreht. Es sind sozusagen Vorteile, die eigentlich gar keine sind. Beispielsweise kann man es durchaus auch als »richtig« empfinden, wenn der Boss einen genauso anschreit wie der Vater früher. Das scheint uns angemessen, obwohl es nicht angemessen ist. Aber wir akzeptieren es, weil wir uns eine andere Situation gar nicht vorstellen können. Oder man kommt eben jeden Abend mit Kopfschmerzen nach Hause, weswegen man mit einem Partner, der einem in Wahrheit mit den Jahren fremd geworden ist, aus gutem Grund keinen Sex haben kann. So kann man sekundäre Vorteile empfinden, obwohl es eigentlich Nachteile sind. Sich aus solchen Situationen zu lösen, ist superschwierig. Die Übungen in diesem Buch sollen dazu beitragen, dass einem diese eigenartigen Neigungen unseres Unterbewusstseins auffallen und man den Mut aufbringt, sich damit auseinanderzusetzen.

Es ist auch möglich, dass es derzeit keine vernünftige oder bessere Alternative gibt. Dann bleibt nur, die Situation, so gut es geht, zu akzeptieren, bis vielleicht neue Möglichkeiten in Sicht kommen. Auch das ist schwer und wir stemmen uns oft viel zu lange dagegen. Es kann hilfreich sein, an sich selbst zu arbeiten (z. B. Zusatzqualifikation durch Abendschule in einem schwierigen Jobmarkt oder ein paar Handtaschen weniger kaufen, um ohne den gehässigen, aber gut verdienenden Partner in den Urlaub fahren zu können). Langfristig zu versuchen, die eigene Souveränität wieder zu gewin-

nen, ist wichtig! Kurzfristig aber bleibt uns manchmal nichts anderes übrig, als uns von dem Problem zu verabschieden. Wir haben unseren Ärger liebgewonnen, er hat uns durch viele schwierige Abende begleitet. Aber nun kann es Zeit sein, ihn ziehen zu lassen.

»Man sieht nur mit dem Herzen gut«, hat »Der kleine Prinz« von Antoine de Saint-Exupéry gesagt. Klingt schön, oder? Finden Sie vielleicht eine Möglichkeit, das Problem statt mit Logik »mit dem Herzen« zu betrachten?

Sie müssen keine Angst haben – so schräg das klingt – der nächste Ärger über das nächste Problem kommt ganz bestimmt und von allein.

ÜBUNG 25

BEI PROBLEMEN DIE NERVEN BERUHIGEN

(5 MINUTEN)

Suchen Sie sich einen ruhigen Ort, an dem Sie für die nächsten fünf Minuten ungestört sind. Setzen Sie sich bequem und mit aufrechtem Rücken hin, auf einen Stuhl oder im Schneidersitz auf ein Kissen auf dem Boden.

Lesen Sie die Übungsanleitung ganz durch. Dann stellen Sie Ihr Handy auf Flugmodus und den Timer auf fünf Minuten.

- Schließen Sie die Augen, wenn Ihnen das angenehm ist. Holen Sie zwei oder drei Mal nacheinander tief Luft und lassen Sie den Atem langsam ausströmen. Wählen Sie einen Teilaspekt der Situation aus, die Ihnen Schwierigkeiten bereitet. Zum Beispiel die Sorge um finanzielle Engpässe, mangelnde Anerkennung, das Scheitern einer Beziehung. Stellen Sie sich diesen Aspekt nun als eine Farbe vor. Welche Farbe hat diese Problemaspekt-Wolke? Oft sind es leuchtende, aggressive Farben – wie knallrot oder grasgrün – oder düstere, drohende wie bordeauxrot oder dunkelgrau.
- Beobachten Sie nun, wie sich die farbige Wolke mit jedem Ausatmen ein klein wenig auflöst. Die Leuchtkraft nimmt ab, die Wolke wird durchscheinend, kleiner, schließlich schwebt nur ein Rest in der Luft, der schließlich auch mit einem Ausatmen einfach verschwindet, wie ein Wölkchen im Wind.
- Beenden Sie die Übung, wenn der Wecker piepst, mit einem letzten tiefen Atemzug und einem Lächeln.

DAS BRINGT'S

Die Übung ist **eine entlastende Visualisierung**, die von vielen Menschen als erleichternd empfunden wird. **Sich zu erlauben, eine schwierige Situation auf Gefühlsebene nicht als permanent und unveränderlich zu sehen, nimmt Druck.** Überhaupt ist die Vorstellung unseres abstrakten und schwer durchschaubaren Problems als »Ding« nützlich, um sich klar zu machen: Das ist nicht alles, was mein Leben prägt. Wenn Ihnen die Übung angenehm ist, können Sie sie in den nächsten Tagen gern wiederholen. Sie trägt dazu bei, unser besorgtes Nervensystem zu beruhigen, indem wir uns bewusst machen, dass keine akute Gefahr (Säbelzahntiger im Gebüsch) besteht. Das senkt Blutdruck und Puls. **Je ruhiger unser Nervensystem, desto offener sind wir für neue Eindrücke und Ideen. Das hilft manchmal, die Lage doch noch zu verändern,** oder wir können uns tatsächlich auf andere – stärkende – Aspekte des Alltags konzentrieren.

TAG 26 (FREITAG)

Wir können nichts Unbekanntes denken, sagen viele Psychologen. Was heißt das? Es gibt doch Geschichtenerfinder, Designer, Filmemacher, Musiker!

Die Theorie besagt: Wir können uns eine blaue Tomate vorstellen – aber nur, weil wir bereits wissen, was »blau« und was »Tomate« bedeutet. Auf dieselbe Weise bestünde dann das Alien im gleichnamigen Film aus lauter zuvor schon bekannten Elementen. Nur neu zusammengesetzt.

Kreativität bestünde dann nicht darin, etwas »Neues« zu erfinden. Sondern eine Idee zu haben, hieße, zwei oder mehr bekannte Dinge auf neue Weise zu verbinden.

Dasselbe gilt für kreative Lösungen. Letztlich ist es wie beim Puzzeln. Wenn man ein Teil lange genug hin und her dreht und an die anderen hält, passt es irgendwann. Wenn wir zwei verschiedene Puzzles zusammenschütten, entsteht auf diese Weise höchstwahrscheinlich Unsinn. Vielleicht aber auch irre tolle Kunst.

Man muss auch gar nicht immer und überall originell sein. Für viele Situationen sind bekannte Reaktionen angemessen. Aber ab und zu scheinen sie eben nicht gut genug.

Dann bleiben zwei Möglichkeiten: eine neue Lösung finden – oder mit dem Preis für eine bekannte Lösung leben, auch wenn wir ihn als zu hoch empfinden.

Wertfreie Offenheit ermöglicht neue Ideen

Um die Antwort zu finden, die zu uns passt, sollten wir mit offenen Augen und Ohren durch die Welt gehen. Auf einmal hören wir in einem Handygespräch eines Fremden in der Bahn einen entscheidenden Satz, der für uns große Bedeutung hat. Oder wir beobachten die zankenden Affen im Zoo und spüren auf einmal eindeutig, dass Schluss ist mit dem Affenzirkus im Job oder der Beziehung.

Je besser Sie Ihren Körper spüren und seine Signale verstehen, desto eher wird Ihnen auffallen: Hey, gerade passiert etwas Wichtiges – aufgepasst!

Entscheidend ist: Wir können nicht vorher wissen, welche Beobachtung oder Gedankenverbindung sich auf einmal richtig anfühlt wie ein Puzzleteil, das überraschend an seinem Platz landet. Daher bleibt nichts anderes übrig, als mit aufmerksamer Offenheit durch den Tag zu gehen und abzuwarten. So wie man auch nicht besser puzzelt, wenn man sich über das verdammte Bild genauso sehr ärgert wie über die bekloppte Form der elenden Teilchen. Man hat dann nur weniger Spaß beim Puzzeln.

ÜBUNG 26

DEN FLUSS DER GEDANKEN ZU PAPIER BRINGEN

(20 MINUTEN)

Ein viertes Mal lassen Sie heute Ihrem Unterbewusstsein freien Lauf. Legen Sie einige Zettel oder einen Block bereit und nehmen Sie einen Stift zur Hand, mit dem Sie gerne schreiben. Setzen Sie sich bequem hin und schalten Sie Ihr Handy in den Flugmodus.

Stellen Sie den Timer auf 20 Minuten, wenn Sie möchten.

- Schreiben Sie nun, bis entweder fünf Seiten voll oder 20 Minuten um sind.
- Wenn Sie möchten, können Sie auch Erkenntnisse aus den anderen Übungen einfließen lassen. So können Sie als Startpunkt für Ihren »stream of conciousness« (den Strom des Bewusstseins) zum Beispiel eine Intention wählen, oder ein Thema, das Sie beschäftigt.

DAS BRINGT'S

Das Befreiende an dieser Übung ist: Es ist egal, was dabei herauskommt. **Sie lockern einfach nur die Gedanken und Überzeugungen in Ihrem Unterbewusstsein**, so dass Sie bei Bedarf im Laufe des Tages leichter darauf Zugriff haben. Sie machen Ihrem Geist auf eindeutige Weise deutlich, dass Sie alle Gedanken – auch verquere oder aktuell nicht nützliche – zu schätzen wissen. Daraus entstehen Neugier, Motivation und neue Verknüpfungsmöglichkeiten.

TEST

WIE ZUFRIEDEN BIN ICH (WIRKLICH)?

Bewerten Sie auf einer Skala von 1 – 5.
1 bedeutet »trifft überhaupt nicht zu«,
5 bedeutet »trifft voll und ganz zu«.

1	An den meisten Tagen stehe ich gern auf, selbst wenn es früher sein sollte, als mir lieb ist.	**1 2 3 4 5**
2	Ich treffe mich gern mit Freunden oder Familie.	**1 2 3 4 5**
3	Ich habe ein Hobby, das ich regelmäßig ausübe.	**1 2 3 4 5**
4	Ich finde es interessant, neue Menschen kennenzulernen.	**1 2 3 4 5**
5	Politisch lässt sich heutzutage viel mehr bewegen als noch vor 20 Jahren.	**1 2 3 4 5**
6	Ich kenne die Namen meiner Nachbarn und wir grüßen uns, wenn wir uns sehen.	**1 2 3 4 5**
7	Es gab in meinem Leben auch große Misserfolge oder Schicksalsschläge.	**1 2 3 4 5**
8	Notfalls könnte ich auch eine Stunde auf das Kind der Nachbarin aufpassen.	**1 2 3 4 5**
9	Ich habe noch viel vor!	**1 2 3 4 5**
10	Manchmal möchte ich einfach lieber allein sein.	**1 2 3 4 5**

AUSWERTUNG

- Addieren Sie Ihre Punkte. **Unter 15 Punkte** bedeutet, dass Sie **eher unzufrieden** sind, mit **16 bis 30 Punkten** befinden Sie sich im **Mittelfeld**, und **je mehr Punkte** Sie haben, **desto zufriedener** sind Sie. Es ist gut möglich, dass Sie zufriedener (oder unzufriedener) sind, als Sie dachten. Das liegt daran, dass wir »Zufriedenheit« immer als Momentaufnahme wahrnehmen. Kaum jemand ist in der Lage, seine »grundsätzliche Zufriedenheit« innerhalb der letzten Wochen korrekt anzugeben.
- In Studien werden Teilnehmer daher über längere Zeit zu zufällig ausgewählten Zeitpunkten wiederholt nach ihrer Zufriedenheit befragt. Anschließend berechnet man den Durchschnittswert. Dabei hat sich herausgestellt, dass manche Verhaltensweisen dafür sprechen, dass jemand zufrieden ist. Diese werden in dem vereinfachten Test oben erfasst.

TAG 27 (SAMSTAG)

Traumaspezialisten haben nachgewiesen, dass reine Psychotherapie gegen die Post-Traumatische Belastungsstörung (kurz PTBS bzw. international PTSD) nur »mittelgut« hilft. Dasselbe gilt für Körpertherapien wie Entspannungskurse oder Yoga. Kombiniert man die beiden Therapieformen miteinander, scheinen sie sich gegenseitig zu verstärken.

Das könnte bedeuten, dass wir auf der einen Seite *verstehen* müssen, wie die Situation wirklich ist (also z. B. für Kriegstraumatisierte, dass sie auf einem friedlichen Supermarktparkplatz sind, nicht in einem Kriegsgebiet, wo jederzeit mit Schüssen aus dem Hinterhalt zu rechnen ist). Wir müssen aber auch *erleben,* wie sich Entspannung anfühlt. Das Verständnis hilft dabei, das Erleben zu erlauben. Und das Erleben hilft unserem Gehirn dabei, die Erkenntnisse zu glauben.

Das lässt sich nachweisen. In den USA gibt es wegen der Nahost-Kriege derzeit recht viele Traumapatienten. Wenn sie zum Beispiel Yoga üben, bleibt bei der Schlussentspannung ein messbares Restzittern in den tiefen Muskelschichten. Das heißt, der Körper traut dem Frieden nicht, bleibt immer einsatzbereit.

Erst eine Kombination aus therapeutischen Gesprächen und speziellen Trauma-Yoga-Übungen baut dieses Zittern mit der Zeit ab.

Bei traumatischen Erfahrungen wird die Zusammenarbeit zwischen Körper und Geist gestört. Das ist oft nötig, um die Gefahrensituation zu überleben. So können Opfer von Vergewaltigungen oder Explosionen sich häufig sachlich an die Ereignisse erinnern – aber nicht sagen, was sie gefühlt haben. Und wenn sie durch einen äußeren Reiz an diese Gefühle erinnert werden, erfasst sie eine Schreckenswelle, die sie instinktiv um beinahe jeden Preis vermeiden wollen.

Glücklicherweise sind die meisten von uns nicht schwer traumatisiert. Das Grundprinzip gilt jedoch für alle. Wir können schwierige Reize nur in der Zusammenarbeit von Denkleistung und körperlicher Wahrnehmung verarbeiten. Problemsituationen müssen wir also nicht nur durchdenken, sondern auch erfühlen. Ganz gleich, ob uns das schwierig oder unnötig erscheint.

Umgekehrt kann das Körperempfinden auch das Tor zu neuen Lösungen darstellen. Gerade in einer Welt, die Denken so hoch schätzt und Fühlen als lästig abwertet, kommen wir uns manchmal erst über den Umweg des Fühlens auf die Spur. Je genauer wir bemerken können, wie unser Körper wann reagiert, desto eher werden wir herausbekommen, an welcher Stelle wir immer wieder stecken bleiben. Und davon ausgehend können wir immer wieder ein bisschen denken, ein bisschen ändern, ein bisschen fühlen, und so weiter.

ÜBUNG 27
BODYSCAN GEGEN STRESS
(20 MINUTEN)

Weil es so wichtig – und so schwierig – ist, ein Gefühl für den eigenen Körper zu erlangen, wiederholen wir heute den »Bodyscan« von vor zwei Wochen.

Lesen Sie auch diesmal vorab die Übungsanleitung durch, damit Sie möglichst nicht zwischendurch nachschauen müssen. Wählen Sie eine Zeit, zu der Sie nicht zu müde sind, um nicht ungewollt einzuschlafen. Achten Sie darauf, dass Sie möglichst 20 Minuten ungestört sein werden.

- Schalten Sie den Flugmodus Ihres Handys ein. Stellen Sie einen Timer oder den Wecker Ihres Handys auf 20 Minuten. Versuchen Sie, die Übung so langsam wie vorgegeben durchzuführen. Wenn Sie möchten, können Sie dazu den Wecker vier Mal auf je fünf Minuten zu stellen.
- Legen Sie sich auf den Rücken. Entweder auf Ihr Bett oder auf den Boden. Sie können eine Decke oder eine Gymnastikmatte unterlegen, wenn es Ihnen angenehm ist. Die meisten Sofas sind zu schmal, um gleichmäßig belastet auf dem Rücken zu liegen, die Arme neben dem Körper.
- Die Füße sind etwa hüftbreit voneinander entfernt und fallen locker nach außen. Die Arme liegen neben dem Körper, Handflächen nach oben, Hände etwa fünfzehn Zentimeter neben der Hüfte.
- Schließen Sie, wenn Ihnen das angenehm ist, die Augen, oder schauen Sie nicht fokussiert an die Decke, wie beim Tagträumen.
- Wandern Sie nun mit Ihrer Aufmerksamkeit durch den Körper. Beginnen Sie bei Ihrem linken kleinen Zeh. Können Sie ihn wahrnehmen? Wenn ja, wie fühlt er sich an? Kalt oder warm, angespannt oder nicht, kribbelt er vielleicht?

- Nun wechseln Sie mit Ihrer Aufmerksamkeit zum nächsten Zeh. Wie fühlt der sich an? Kalt oder warm, angespannt oder nicht …? Können Sie die Zehen einzeln wahrnehmen?
- Es folgt der mittlere Zeh, dann der »Zeigezeh«, schließlich der linke große Zeh.
- Wie fühlt sich Ihr linker Fuß insgesamt an? Die Fußsohle? Der Spann? Die Ferse? Der Knöchel? Können Sie spüren, wie und wo Ihr Fuß auf dem Boden liegt?
- Nun wechseln Sie mit Ihrer Aufmerksamkeit zum rechten Fuß. Auch dort beginnen Sie mit dem kleinen Zeh, dann gehen Sie Zeh für Zeh bis zum großen Zeh, es folgen Fußsohle, Spann, Ferse, Knöchel. Wie fühlt sich dieser Fuß an? Kalt oder warm, kribbelt er, ist er angespannt oder schlaff?
- Für die beiden Füße wenden Sie etwa fünf Minuten auf. Wenn Sie möchten, können Sie ja mal auf die Uhr gucken … und wenn noch keine fünf Minuten um sind, fühlen Sie noch ein wenig in Ihre Füße hinein!
- Die nächsten fünf Minuten widmen Sie Ihren Beinen und dem Becken. Wie fühlt sich Ihre linke Wade an? Das linke Schienbein? Der linke Oberschenkel vorn und hinten, die linke Gesäßhälfte, die linke Hüfte?
- Wie steht es um die rechte Wade? Das rechte Schienbein, den rechten Oberschenkel vorn und hinten, die rechte Gesäßhälfte, die rechte Hüfte?
- Die nächsten fünf Minuten gehören dem Oberkörper: Unterbauch, Solar Plexus, unterer Rücken, oberer Rücken, linke Schulter, rechte Schulter, Brustbereich
- linker Oberarm, linker Ellenbogen, linker Unterarm, linke Hand, linker Handrücken, linke Handfläche, Finger der linken Hand,
- sowie rechter Oberarm, rechter Ellenbogen, rechter Unterarm, rechte Hand, rechter Handrücken, rechte Handfläche, Finger der rechten Hand.
- Und zum Schluss, die letzten fünf Minuten, widmen wir uns Hals, Nacken, Gesicht und Kopf: Können Sie spüren, wie sich Ihr Hals anfühlt? Von vorn, hinten im Nacken, aber vielleicht auch von innen? Spüren Sie den Ansatz oberhalb des Brustkorbs, den

Übergang zum Kopf? Wie fühlt sich Ihr Hinterkopf an, der auf dem Boden aufliegt? Ihre Kopfhaut?

- Ihre Ohren, Ihre Schläfen, Ihr Kinn, Ihre Lippen, Ihre Nase, Ihre Augen, Ihre Augenlider, die Augenbrauen, die Stirn, der Übergang zur Kopfhaut?

DAS BRINGT'S

Ziel der Übung ist es, den eigenen Körper besser wahrzunehmen. Auch im Alltag. Bin ich verspannt? Verkrampft sich mein Magen? Geht mein Atem auf einmal schneller oder flacher? Das alles sind Reaktionen auf die Umwelt oder auf eigene gedankliche Reize. Sobald wir sie bemerken, können wir nach den Ursachen forschen. Vielleicht tut Ihnen immer die Schulter weh, wenn Sie Ihrem Boss begegnen. Oder in Ihre Beziehung hat sich ein unterschwelliges Gefühl von Macht eingeschlichen, dass Sie ängstlich hecheln lässt.

Der nächste Schritt besteht darin, diese Beobachtung auf Ihren Wahrheitsgehalt zu überprüfen. Wenn man zum Beispiel eine bislang nicht bemerkte Angst feststellt, kann eine tatsächlich problematische Situation bestehen. Dann sollten Sie versuchen, diese zu verändern. Oder die Angst hat sich als Fehlinterpretation eingeschlichen. Dann ist es Zeit für eine Korrektur der Sichtweise.

Beides wird erst möglich, wenn wir unseren subtilen Wahrnehmungen auf die Spur kommen. Und das geht am einfachsten, wenn wir auf die Signale des Körpers achten.

TAG 28 (SONNTAG)

Das Leben ist die wahre Meditation, heißt es. Das kann man vergleichen mit Sprachunterricht. Man lernt Vokabeln und Grammatik, baut Sätze und liest fremdsprachige Texte. Aber alles am Ende nur, um sich irgendwann in der neuen Sprache mehr oder weniger gut verständigen zu können! Der aktive Aufenthalt ist der Sinn der Sache!

So ist es auch mit der Meditation. In den Meditationsübungen, der sogenannten »Praxis«, *praktizieren* wir Achtsamkeit, Konzentration, Offenheit, Interesse. Diese Fähigkeiten wollen wir letztlich im Alltag einsetzen!

Das bedeutet: Wenn mir jemand den letzten Parkplatz oder Sitzplatz wegschnappt, beiße ich vielleicht nicht (mehr) vor Wut ins Lenkrad. Sondern habe Mitgefühl mit mir und meinem Stress. Wenn mich jemand voller Hast anrempelt, habe ich Mitgefühl mit ihr oder ihm. Wenn eine erschöpfte Mutter mit einem schreienden Kleinkind im Supermarkt steht, lächle ich sie freundlich an, statt verärgert zu schnaufen.

Wenn die Kollegin im Meeting eine neue Idee vorträgt, höre ich aufmerksam und freundlich zu, statt im Geiste Schäfchen zu zählen, weil sie sowieso immer nur Müll redet, oder schon meinen höhnischen Kommentar zurechtzufeilen. Wenn Essen gekocht, Staub gesaugt und die Steuererklärung fertiggestellt werden muss, halte ich möglicherweise kurz inne und überlege: Ist das alles wirklich so wichtig, wie es mir scheint? Was mache ich zuerst, was lasse ich weg, welche Konsequenz hat das? Und nachdem ich mich entschieden habe, kann ich konzentrierter bei der Sache bleiben und störende Gedanken ziehen lassen.

Glauben Sie nicht? Ich konnte das am eigenen Leib erfahren. Ein paar Wochen, nachdem ich angefangen hatte, ernsthaft und regelmäßig zu meditieren, stellten meine Töchter erstaunt fest: »Du bist auf einmal so nett geworden.« Ich glaube, ich bin gar nicht netter. Aber weniger aufgeregt. Nicht so reaktiv. Auf alle Fälle: prima, weiter so!

So bietet sich jederzeit die Möglichkeit, ein Problem, an dem wir zu knabbern haben, als Startpunkt der Meditation aufzufassen. Was genau geschieht? Wie verhält es sich zu mir – und umgekehrt? Kann ich trotz Sorge zur Ruhe finden? (»Und wenn der Feueralarm schrillt?«, soll einmal ein Teilnehmer seine Meditationslehrerin gefragt haben. Ihre Antwort: »Dann verlässt du achtsam den Raum.«)

Die Dualität von Wollen und Sollen zu erkennen und eine Weile auszuhalten, erlaubt es uns letztlich, sie zu beeinflussen. Wir können uns wie von außen zuschauen und uns gute Ratschläge geben und trotzdem mit vollem Engagement bei der Sache sein.

Vielleicht haben Sie die Situation, in der Sie feststeckten, als Sie zu diesem Buch griffen, bereits gelöst. Schön! Herzlichen Glückwunsch! Vielleicht auch noch nicht. Dann hat sich hoffentlich vieles in Ihrem Umgang mit der Lage gelockert und verändert. Nicht alles können wir so einrichten, wie wir wollen. Aber wir können stets darauf Einfluss nehmen, was wir wollen. Dabei wünsche ich Ihnen weiterhin viel Glück und Erfolg.

ÜBUNG 28
SOLO-SPAZIERGANG ZUM WAHRNEHMEN UND REFLEKTIEREN
(30 MINUTEN)

Gehen Sie noch einmal allein 30 Minuten so naturnah wie möglich Spazieren. Ohne Handy, ohne Hund. In einem Park, in einem Wald, auf einer Sommerwiese.
Sehen Sie sich um und nehmen Sie die Eindrücke der Welt in sich auf.

- Wie riecht die Luft, wie scheint das Licht, welche Farben leuchten?
- Nach etwa zehn Minuten vergegenwärtigen Sie sich, was Ihnen Sorge bereitet hat, als Sie dieses Buch zu lesen begannen. Hat sich Ihr Verhältnis zu der Situation oder dem Problem verändert? Konnten Sie es lösen, sind Sie der Lösung näher gekommen, oder sehen Sie die Sache vielleicht inzwischen ganz anders? Haben Sie in den letzten Wochen etwas über sich erfahren, egal ob in Bezug auf diese Angelegenheit oder auch so? Wenn ja, wie geht es Ihnen damit? Können Sie akzeptieren, dass Sie sind, wie Sie sind, und dass die Welt jetzt gerade ist, wie sie ist? Wenn nicht, was davon fällt Ihnen am schwersten? Warum? Könnte sich daraus eine Strategie entwickeln lassen?
- Versuchen Sie, diesem Gedankengang mit freundlicher Aufmerksamkeit zu folgen – und dabei nicht Ihre sich ständig verändernde Umgebung aus den Augen zu verlieren. Bringen Sie, so gut Sie können, diese beiden Ebenen in Einklang.

DAS BRINGT'S

Unser Leben zu leben und zugleich zu er–leben (also **wahrzunehmen und** vielleicht sogar **zu reflektieren**) ist gar nicht so einfach. **Der Solo-Spaziergang ist eine gute Möglichkeit, mit den verschiedenen Ebenen der Wahrnehmung und Konzentration zu experimentieren. Plus: Draußen sein tut der Seele gut.** Insofern ist der Spaziergang zugleich eine Übung in der Disziplin der Selbstliebe: Dinge zu tun, die richtig und gut sind, auch wenn man vielleicht gerade nur 90 % Lust darauf hat.

NACHWORT: ALLES GUTE!

Wo sind wir angekommen? Wie geht es weiter?

Die Übungen in diesem Buch hatten zwei Ziele:

1. **Ihren persönlichen »set point« des Glücks zu verschieben, so dass Sie unter gleichen Bedingungen zufriedener – glücklicher – sind!**
2. **Durch Lockerung und Offenheit Lösungsmöglichkeiten zu entwickeln für das Problem, das Sie zu diesem Buch hat greifen lassen.**

Wie geht es Ihnen jetzt? Schlafen Sie besser? Und wenn Sie aufwachen – gilt Ihr erster Gedanke immer noch Ihren Sorgen? Oder haben Sie wieder etwas Spielraum im Leben zurückerobert und können zwischendurch auch einfach mal nur »sein«, statt andauernd zu grübeln? Ich hoffe es!

»Das Gras wächst nicht schneller, wenn man daran zieht«, sagt man. Schlimmer noch: Wenn man am Gras zieht, damit es schneller wächst, reißt man sogar schnell die zarten Halme ab und richtet bloß Schaden an. Das ist kein Plädoyer fürs Nichtstun! Man kann dem Gras sehr wohl beim Wachsen helfen!

Schon vor der Aussaat durch beste Erde. Dann, indem man düngt, eine Vogelscheuche aufstellt, nicht über das erste Grün trampelt. Schließlich will das erste Gras liebevoll manikürt werden – von Hand statt mit dem Aufsitzmäher.

Alternativ, wenn uns das zu mühsam ist oder zu lange dauert, können wir auch in den sauren Apfel beißen und nachträglich teuren Rollrasen bestellen.

In jedem Stadium haben wir bessere Möglichkeiten, als entnervt und erschöpft am Gras zu ziehen und hektisch zu kreischen: Wachs, du Mistzeug, wachs endlich!

Sobald wir ein wenig Abstand und Ruhe erzeugen können, melden sich auch unser Verstand und unsere Seele zurück.

Es ist sehr unangenehm, in einer problematischen Lage festzustecken. Meist geschieht dies aus gutem Grund. Weil wir gehofft hatten, es würde nie so weit kommen. Weil die beste Lösung immer noch keine gute Lösung ist – und wir dafür nicht auch noch einen Preis zahlen wollen.

Aber so ist das Leben. Mal läuft es gut, mal nicht so. Das können Sie hoffentlich jetzt ein wenig besser aushalten als noch vor vier Wochen. (Und glauben Sie mir, es ist ganz sicher nicht so, dass ich immer nur gelassen dasitze und happy in den Himmel schaue.)

Es ist großartig, Wünsche und Ziele und Ambitionen zu haben! Sich von ihnen motivieren und nicht frustrieren zu lassen, darin besteht die Kunst, der wir nun 28 Tage näher gekommen sind.

Selbstverständlich können Sie die Übungen aus diesem Buch auch weiterhin durchführen. Nutzen Sie dabei nicht nur diejenigen, die Ihnen leicht fallen und Spaß machen. Wagen Sie sich ab und zu auch an eine heran, die schwierig oder unangenehm war. Sie sorgen – in Maßen genossen – oft für die größten Entwicklungssprünge.

Ich hoffe, Sie fühlen sich deutlich freier und handlungsfähiger als vor einem Monat. Ich wünsche Ihnen, dass das erst der Anfang einer großartigen Reise zu noch mehr Zufriedenheit und Glück ist. Zu einem Leben, das sich mit allen Höhen und Tiefen genau richtig für Sie anfühlt. Viel Spaß dabei und alles Gute!

ZUM WEITERLESEN

Brach, Tara: »Nach Hause kommen zu sich selbst – Im erwachten Herzen Zuflucht und Geborgenheit finden«, Burgrain 2014
Brach, Tara: »Einführung in die Meditation«, Burgrain 2014

Brown, Brené: »Verletzlichkeit macht stark: Wie wir unsere Schutzmechanismen aufgeben und innerlich reich werden«, München 2013
Brown, Brené: »Laufen lernt man nur durch Hinfallen: Wie wir zu echter innerer Stärke finden«, München 2016

Davidson, Richard: »Warum wir fühlen, wie wir fühlen: Wie die Gehirnstruktur unsere Emotionen bestimmt – und wie wir darauf Einfluss nehmen können«, München 2012

Gilbert, Elizabeth: »Big Magic: Nimm dein Leben in die Hand und es wird dir gelingen«, Frankfurt 2015

Hanson, Rick: »Hardwiring happiness« (Engl.), New York 2013

Kornfield, Jack: »Das weise Herz: Die universellen Prinzipien buddhistischer Psychologie«, München 2014

Panos, Alexi: »50 Ways To Yay!« (Engl.), New York, 2016

Patel, Meera Lee: »Entdecke dein Leben: Eine Gebrauchsanweisung«, München 2017

Rubin, Gretchen: »Erfinde Dich Neu: Verändere deine Verhaltensmuster und werde glücklicher, produktiver und besser als je zuvor«, München 2015
Rubin, Gretchen: »Das Happiness-Projekt: Oder: Wie ich ein Jahr damit verbrachte, mich um meine Freunde zu kümmern, den Kleiderschrank auszumisten, Philosophen zu lesen und überhaupt mehr Freude am Leben zu haben«, Frankfurt 2011

Salzberg, Sharon: »Real happiness« (Engl.), New York 2011
Salzberg, Sharon: »Real Happiness At Work« (Engl.), New York 2013

Seppälä, Emma: »Der Trick mit dem Glück: Mehr erreichen durch weniger tun«, München 2016

BILDQUELLEN

S. 13: Strandbrücke: Marco2811 – Fotolia.com I S. 14 ff: Icon Nase – Atmen © lovemask – Fotolia.com I S. 15 ff: Sticker: © Jan Engel – Fotolia.com I S. 17: Carpe diem © Krasimira Nevenova – Fotolia.com I S. 19: Bank in Herbstsonne Smileus – Fotolia.com I S. 20 ff: Icon Herz © Dagmar Herrmann I S. 21: Taxistop © snedorez – Fotolia.com I S. 23: Duschen © eldarnurkovic – Fotolia.com I S. 24 ff: Icon Meditation © Mickeing – Fotolia.com I S. 27: Waldweg John Smith – Fotolia.com I S. 28 ff: Icon Schmetterling © Dagmar Herrmann I S. 30 ff: Icon Gehen © Arrows – Fotolia.com I S. 31: irgendwas geht immer © Leonid Andronov – Fotolia.com I S. 33: Frei © Antonioguillem – Fotolia.com I Seite 36: Icon Füller © teracreonte Fotolia.com I S. 38: Füller und Wecker © skumer – Fotolia.com I S. 41: Park © Smileus – Fotolia.com I S. 47: Aristoteles © verve – Fotolia.com I I S. 49: Ast im Fluss © Hermann Betken I S. 51: neuronale Zellen © riakhinanton – Fotolia.com I S. 53: Lichtpfad © Jürgen Fälchle – Fotolia.com I S. 60: Großvater © Photographee.eu – Fotolia.com I S. 63: Füller © Denis Kadackii – Fotolia.com I S. 65: Stärken trumpfen Schwächen © lovegtr35 – Fotolia.com I S. 71: Laufen © De Visu – Fotolia.com I S. 73: Stifte © olegkruglyak3 – Fotolia.com I S. 79: Bodyscan © f9photos – Fotolia.com I S. 84: Icon Berg © vectortatu – Fotolia.com I S. 85: Graubünden © suteracher – Fotolia.com I S. 89: Weg/Ziel © Tryfonov – Fotolia.com I S. 91: Wahrnehmen © drubig-photo – Fotolia.com I S. 95: Mutter und Kind © drubig-photo – Fotolia.com I S. 97: Werte © drubig-photo – Fotolia.com I S. 98 ff: Icon Klee © dervish15 – Fotolia.com I S. 99: Pusteblume © doris oberfrank-list – Fotolia.com I S. 101: Gutes wünschen © drubig-photo – Fotolia.com I S. 103: Semperoper © kivi80 – Fotolia.com I S. 105: Feder © kieferpix – Fotolia.com I S. 108: Schreiben © Gajus – Fotolia.com I S. 115: Intention © Glebstock – Fotolia.com I S. 117: Katze © Patrizia Tilly – Fotolia.com I S. 123: Baumhaus © jarek106 – Fotolia.com I S. 124: Lächeln © drubig-photo – Fotolia.com I S. 127: Buddha © jpldesigns – Fotolia.com I S. 135: Labyrinth © djama – Fotolia.com I S. 136: Wolken © candy1812 – Fotolia.com I S. 138: Puzzle © vege – Fotolia.com I S. 139: Schreiben © Andreas Gruhl – Fotolia.com I S. 145: Yoga© javiindy – Fotolia.com I S. 149: : Bodyscan © Jacob Lund – Fotolia.com I S. 151: © Antonioguillem – Fotolia.com I S. 153: Sommerwiese © S.H.exclusiv – Fotolia.com I

Weitere Bücher und Kartendecks bei Königsfurt-Urania

MEDITATIONSKARTEN

für Anfänger und Wiedereinsteiger

Auspacken • Karten ziehen • sofort beginnen

Farbige Karten zu Dauer, Art, Thema und Nutzung der Meditation – immer wieder neu kombinierbar

Ulrich Hoffmann
Die Meditations-Box

Schöne, stabile Hardbox mit 49 Karten, ausführlicher Anleitung und Kartenständer aus Holz.

ISBN 978-3-86826-148-6

www.koenigsfurt-urania.com